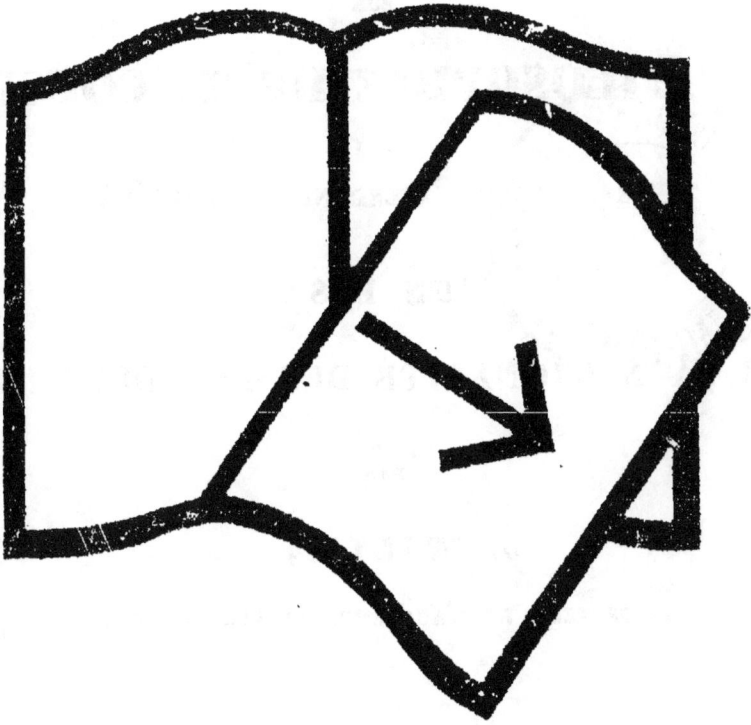

Couvertures supérieure et inférieure
manquantes

JUGEMENT

DE

M. DE SCHELLING

SUR

LA PHILOSOPHIE DE M. COUSIN;

TRADUIT DE L'ALLEMAND ET PRÉCÉDÉ

D'UN ESSAI

SUR LA NATIONALITÉ DES PHILOSOPHIES;

PAR

J. WILLM,

INSPECTEUR DE L'ACADÉMIE DE STRASBOURG.

———————✦———————

PARIS,

CHEZ F. G. LEVRAULT, RUE DE LA HARPE, N.° 81 ;

ET STRASBOURG,

MÊME MAISON, RUE DES JUIFS, N.° 33.

1835.

ESSAI

SUR

LA NATIONALITÉ DES PHILOSOPHIES.

———————

L'OPUSCULE dont nous offrons ici la traduction, avec quelque modestie qu'il s'annonce, puisque ce n'est que la préface d'une autre préface, occupera une place néanmoins et dans l'histoire de la philosophie allemande et dans l'histoire de la philosophie européenne.

Il sera cité dans la première comme ayant marqué la rentrée sur la scène de la publicité d'un penseur illustre qui, après un silence de vingt ans, a consenti enfin à le rompre et à ressaisir l'autorité qui appartient à son génie. Il sera cité dans la seconde comme ayant contribué à concilier ensemble la philosophie de l'Allemagne et la philosophie française, et à préparer par leur alliance une philosophie universelle.

C'est sous ce dernier rapport surtout qu'il nous soit permis d'en relever la haute importance. Nous ne dirons rien de la profonde sensation que ce petit

DEBUT DE PAGINATION

ouvrage a produite chez nos voisins, sensation qu'attestent même les brochures hostiles qu'il a fait naître. La préface de M. de Schelling présente, à nos yeux, un autre intérêt que celui de cette vive polémique qu'elle a provoquée, et qui est plus animée qu'il ne semble convenir à des discussions purement philosophiques. Cet intérêt elle l'emprunte tout entier pour nous à la critique pleine de mesure et de gravité qu'elle renferme de la philosophie de M. Cousin, telle qu'il l'a récemment formulée; ce qui caractérise cet écrit et lui donne une valeur toute particulière, ce n'est pas M. de Schelling jugeant M. Cousin, c'est la philosophie française examinée selon les vues de la philosophie allemande.

En effet, M. de Schelling juge moins la doctrine de M. Cousin du point de vue de son propre système que du point de vue allemand; c'est moins le système de M. de Schelling opposé au système de M. Cousin, que la méthode allemande comparée avec la méthode française; c'est l'état de la pensée en France examiné en présence de la pensée de l'Allemagne; c'est la philosophie la plus avancée de l'Europe qui cherche à se rallier celle qui la suit de plus près; c'est le génie d'une nation qui veut comprendre et pénétrer le génie d'une autre nation : c'est enfin le successeur de Kant et de Fichte qui veut s'entendre avec le successeur de Descartes et de Condillac.

Nous disons qu'en jugeant la doctrine de M. Cousin, M. de Schelling a jugé la philosophie française actuelle : c'est dire que nous regardons M. Cousin comme le principal représentant de cette philosophie.

Pourquoi faut-il que cette proposition qui, il y a cinq ans, eût paru toute naturelle et eût rencontré peu de contradicteurs, ait en quelque sorte besoin aujourd'hui de se justifier? En 1830, l'école à la tête de laquelle se trouvait M. Cousin, était évidemment et de l'aveu public, l'expression du dernier progrès de la philosophie théorique en France. D'elle relevaient presque tous les jeunes talens qui écrivaient avec succès sur des matières philosophiques; d'autres, plus avancés dans la carrière, abandonnèrent d'anciens drapeaux pour faire cause commune avec l'école nouvelle. Il y avait bien quelques dissidences qui n'étaient pas sans illustration. Deux partis, qui différaient d'ailleurs de principes, de tendance et de lan-gage, formaient ensemble l'opposition dans l'in-

térêt du passé. L'un de ces partis, celui des sen-
sualistes, fidèle à la vieille doctrine de Locke et
de Condillac, conservateur des principes du dix-
huitième siècle, parti stationnaire et par là même
rétrograde, abandonné de ses plus habiles interprètes, ne représentait plus rien d'actuel. Le
second, celui que M. Damiron a appelé l'école
théologique, s'efforçait vainement de réhabiliter
des dogmes depuis long-temps abolis; réaction-
naire et rétrograde dans un autre sens, il ne
pouvait, malgré l'éloquence de ses organes et le
retentissement de ses doctrines, espérer de rallier
à lui la majorité des esprits.

Lorsque deux partis, divisés sur tout le reste,
s'unissent de fait, sinon d'intention, contre un
troisième, c'est une preuve que c'est chez celui-ci
que se trouvent le succès et la puissance. La philosophie française était là où était le progrès,
c'est-à-dire dans l'école qui reconnaissait M. Cousin pour son chef le plus actif, et qui d'ailleurs
s'était approprié tout ce que les deux autres écoles
renfermaient de plus vrai et de plus social.

Telle fut, il y a peu d'années, l'opinion générale en France et à l'étranger : telle est encore
l'opinion de M. de Schelling. Et quelle philoso-

phie nouvelle s'est donc élevée depuis 1830, qui
prétendrait à remplacer celle qui, à tort peut-
être, s'est intitulée l'*éclectique*, mais qui seule
jusque-là représentait le progrès de l'esprit philosophique en France? Ce n'est pas que nous
la regardions comme infaillible ou comme im-
mortelle; nulle philosophie n'est définitive. Celle-
ci aussi périra, ou plutôt elle se transformera
au profit de la vérité, comme toutes celles qui
l'ont précédée; mais elle ne cédera qu'à une doctrine qui sera issue d'elle, qui la continuera et
la remplacera sans l'abolir.

Déjà, il est vrai, de vives critiques ont été
dirigées contre elle; non plus seulement des critiques rétrogrades ou conservatrices, mais des
critiques qui regardent en avant et se proposent
le progrès. Nous ne disons rien de celles que
d'autres passions que l'amour de la vérité ont
inspirées, et pour lesquelles il ne s'agit que de
renverser une statue. Mais les critiques même
qui n'ont d'autre but que l'avancement de la
science, et qui peuvent être justes en plus d'un
point, qu'ont-elles produit jusqu'ici qui puisse
se mettre à la place du système qu'elles tendent
à ruiner? Nous reconnaissons toute l'importance,

toute la portée, toute la justesse partielle de ces objections ; nous y voyons l'esprit français en travail d'un nouvel avenir philosophique ; mais ce travail est encore loin de son terme, et jusqu'à ce jour il n'a rien enfanté qui ait une forme précise et déterminée, et que la France puisse saluer comme un avénement nouveau.

Dans tous les cas, et c'est là surtout ce qui doit appeler sur cet opuscule l'intérêt des penseurs français, c'est la méthode française, plus encore que le contenu même de la philosophie de M. Cousin, qui est ici jugée par M. de Schelling, c'est-à-dire par le plus puissant organe de la méthode allemande.

La méthode psychologique, fondée sur l'analyse des faits de la conscience, est bien celle qui depuis long-temps prédomine en France : ce fut celle de Descartes comme celle de Condillac, comme celle de M. Cousin, comme celle de la plupart de ses adversaires. Or, c'est à cette méthode que M. de Schelling fait ici le procès, et l'on ne peut nier qu'il n'ait élevé contre elle des objections d'insuffisance qui sont d'un grand poids et auxquelles il faudra nécessairement répondre. Nous laissons ce soin à des défenseurs plus habiles, pour nous occuper d'une autre question, dont l'ouvrage que nous traduisons nous fournit l'occasion, et qui nous paraît d'un grand intérêt. Nous voulons parler de ce qu'on a récemment appelé la nationalité de la philosophie, ou pour mieux dire des philosophies.

Cette question nous a paru d'une haute importance dans un moment où la France savante et philosophique est plus que jamais disposée à puiser aux sources étrangères; et elle nous est presque personnelle, puisque nous aussi nous tenons à honneur de contribuer, autant qu'il est en nous, à faciliter ces communications de la pensée nationale avec la pensée de nos voisins.

Avant d'aborder la question même, rappelons, le plus succinctement qu'il nous sera possible, l'histoire de la philosophie moderne, considérée sous le rapport de la nationalité. Les faits prouveront, avant le raisonnement, d'une part que toute philosophie dominante est essentiellement nationale, et d'un autre côté que plus une philosophie est nationale, plus elle est étroite, incomplète et, par conséquent, loin de la vérité.

Pendant tout le moyen âge, tant que la langue latine était l'organe de la pensée savante, toute

l'Europe lettrée eut à peu près les mêmes destinées philosophiques; il n'y eut ni une philosophie française, ni une philosophie allemande,
ni une philosophie britannique; mais bien une
philosophie européenne. Tous les philosophes se
lisaient, se comprenaient réciproquement, tout
en se combattant; les termes dont ils se servaient
avaient pour tous à peu près la même valeur,
et la science, partout où elle était cultivée, mar-
chait d'un pas égal. Si cette universalité du langage philosophique et cette communauté d'efforts
ne firent pas faire à la philosophie de plus ra-
pides progrès, les causes en furent ailleurs. Paris
était le siége principal de la philosophie scolastique; mais cette philosophie n'en était pas plus
française pour cela, puisque les docteurs qui l'en-
seignaient dans cette illustre université appar-
tenaient, presque dans une proportion égale, à
toutes les principales nations de l'Europe.

Toutes ces nations, vues d'un peu loin, ne formaient, sous plusieurs rapports, qu'un seul et
même peuple, divisé en un grand nombre de
royaumes et de cités. Les différences politiques qui
les séparaient ne détruisaient pas plus l'unité
scientifique que l'unité religieuse. Nous voyons

un Anglais aider Charlemagne à fonder les écoles
de France, Charles le Chauve appeler dans ses
États Jean Scot, l'Irlandais. Lanfranc de Pavie
combattait Bérenger de Tours, et fut, ainsi que
son disciple Anselme d'Aosta, archevêque de
Cantorbéry et primat d'Angleterre. Le Français
Abailard eut pour disciple l'Anglais Jean de Sa-
lisbury, et pour adversaire le Français Guillaume
de Champeaux. La commune patrie d'Albert le
Grand, de Thomas d'Aquin, de Duns Scotus,
d'Occam, de Pierre d'Ailly, de tous les docteurs
du moyen âge, était l'école, et l'école était la
même partout.

Il y avait des sectes, des rivalités, des dissidences; mais les Nominalistes et les Réalistes, les
Thomistes et les Scotistes se recrutaient presque
également partout, en Italie, en Angleterre, en
France, en Allemagne. On se faisait partisan de
de Saint-Thomas, parce qu'on était Dominicain,
et la plupart de ceux qui, parmi les enfants de
Saint-François, s'occupaient de philosophie, se
déclaraient pour Scot, parce que Scot avait été
Franciscain.

Ce n'est pas que les nationalités ne se fissent
sentir à mesure que les séparations politiques

s'affermissaient; mais, obligées de se mouler dans les mêmes formes et de se produire dans la même langue, elles étaient plutôt un élément de progrès relatif qu'un obstacle. Nous disons, un élément de progrès relatif : la diversité des caractères nationaux et leur rivalité donnaient aux études philosophiques plus de vie et de mouvement, sans en altérer l'esprit et l'unité, et, loin de détourner la philosophie de sa direction, la poussaient plus énergiquement vers le dernier terme de son développement.

Le mysticisme lui-même, qui fut le premier adversaire de la philosophie scolastique, et qui tendait à substituer le sentiment à la spéculation, la contemplation au raisonnement, et le christianisme pratique au christianisme de l'école, eut des partisans partout, en Italie, en Allemagne, en France, en Angleterre : c'était une tendance de l'esprit religieux, où n'entrait rien de national. Cela est si vrai qu'on a pu attribuer, avec des probabilités presque égales, l'Imitation de Jésus-Christ au Français Gerson et à l'Allemand Thomas-a-Kempis.

A l'époque de la renaissance, au quinzième et au seizième siècle, alors que l'étude de l'antiquité

classique vint retremper l'esprit européen, et que
la philosophie se préparait à reprendre toute
son indépendance, en se nourrissant des idées
de Platon et du véritable Aristote, le mouvement
commença géographiquement en Italie; mais
bientôt toute l'Europe occidentale et centrale y
prit part, et la résistance, comme le progrès, fut
de tous les pays. C'était dans l'intérêt de la même
cause, sans presque aucune teinte de nationalité,
que combattirent le Toscan Ange Politien, le
Romain Laurent Valla, l'Allemand Ulric de
Hutten, Érasme de Rotterdam, son ami Louis
Vivès de Valence, et l'infortuné Ramus.

Cependant, sans parler de la grande scission
religieuse qui, au seizième siècle, partagea l'Europe, les divisions politiques, long-temps peu arrêtées, se consolidèrent de plus en plus, et les
langues dites vulgaires, les langues véritables se
formèrent. C'est alors seulement que le génie national pût se montrer dans les œuvres de l'esprit et leur imprimer son cachet particulier. Le
Dante et l'Arioste, Camoëns et Cervantès, Rabe-
lais et Montaigne, Luther et Hans Sachs, Shaks-
peare et Milton, profondément empreints du
caractère de leurs nations respectives, lui don-

nèrent plus de force et d'empire, et contribuèrent puissamment à le rendre plus productif et plus indélébile.

Toutefois, long-temps encore les productions de la philosophie se ressentirent peu de son influence, alors même qu'elle consentait à s'exprimer dans un idiome moderne. Au dix-septième siècle, Bacon et Campanella, Hobbès et Spinosa, Gassendi et Descartes, presque aussitôt après la publication de leurs ouvrages, étaient connus, compris, approuvés ou réfutés dans toute l'Europe savante, sans porter le moindre préjudice aux diverses nationalités et sans qu'aucune véritable originalité en souffrît. Plus tard encore Locke, Clarke, Leibnitz, Newton, Bayle se connaissaient, s'écrivaient, cherchaient à s'entendre, et en se combattant rendaient plus de service à la science, que si chacun s'était renfermé dans la solitude de sa pensée ou dans les limites étroites de son pays. Grâce à l'universalité de la langue française, qui avait heureusement remplacé le latin, et qui forçait les idées à se produire avec une universelle clarté, l'Europe philosophique, malgré une grande variété d'efforts et beaucoup d'originalité, put marcher d'un pas égal vers ses destinées futures.

Mais vers le milieu du dix-huitième siècle il se fit un grand changement à cet égard : à dater de cette époque les diverses écoles nationales se séparèrent de plus en plus. La Grande-Bretagne, fière de l'empire qu'exerçaient au dehors les doctrines de Bacon, de Locke, de Newton, accoutumée désormais à imprimer le mouvement plutôt qu'à le recevoir, suivit une marche solitaire. L'Angleterre, tout occupée des sciences d'observation, de conquêtes, de commerce, de politique, laissa la philosophie proprement dite à l'Écosse, où elle fut cultivée avec zèle, mais dans un esprit exclusif et sans égard à la pensée étrangère. Le dernier grand représentant de l'école écossaise ignorait presque entièrement Kant et ses successeurs[1]; et Mackintosh, dans son Histoire de la philosophie morale, ne juge plus dignes d'êtres cités, depuis le commencement du dix-huitième siècle, que des moralistes anglais et écossais.[2]

---

[1] Voir Dugald Stewart, Histoire abrégée des sciences métaphysiques, etc., traduite par M. Buchon, 1820.

[2] Voir son Histoire de la philosophie morale, traduite en français par M. Poret, 1834.

Que dirons-nous de l'Espagne, dont les universités conservèrent invariable, jusqu'à la révolution, l'enseignement de la philosophie scolastique, et que malgré la célébrité universelle de Cervantès et les imitations de Corneille et de Lesage, ses institutions et sa décadence séparaient du reste de l'Europe plus que les Pyrénées?

Le Napolitain Vico, qui connaissait Bacon et Descartes, ne fut apprécié hors de l'Italie que depuis que Gœthe appela sur lui l'attention du monde savant, et ses idées si originales, si fécondes, demeurèrent en dehors du mouvement des esprits au dix-huitième siècle.

Les Français, depuis qu'ils avaient abandonné Descartes et Port-Royal pour la philosophie de Bacon et de Locke, que Condillac simplifia encore, ne prirent plus nul souci d'étudier les systèmes étrangers. Le grand Leibnitz et le grand Frédéric n'avaient-ils pas écrit dans leur langue qui se parlait partout, à toutes les cours, dans toutes les villes, dans tous les châteaux? Pourquoi se seraient-ils donné la peine d'apprendre les langues des autres nations? D'ailleurs le sensualisme était si clair, si facile pour tous, si simple, ajoutons si parfaitement exposé; le système contraire offrait

tant d'hypothèses, tant d'énigmes, tant d'obscu-
rités, était si mal présenté, que le premier seul
pouvait paraître vrai, et que toute métaphysique qui prétendait aller au-delà de la sensation
dut être reléguée parmi les doctrines surannées
et les tentatives chimériques.

La philosophie française au dix-huitième siècle,
toute pratique dans ses intentions, toute de bon
sens et terre à terre dans les pamphlets de Voltaire, toute politique et sociale dans Montesquieu
et J. J. Rousseau, toute négative et démolissante
dans Helvétius et le Système de la nature, dut
mépriser la théorie, la recherche désintéressée
de la vérité, les discussions qui ne présentaient pas
un résultat immédiat ou une application directe.

C'est ainsi qu'il arriva que, jusqu'à la restaura-
tion, on ne tint presque aucun compte en France
des travaux philosophiques de l'étranger. On fit
peu d'attention à l'excellent ouvrage que Charles
Villers publia sur Kant en 1801, et quand, dans
les dernières années de l'empire, M. Royer-Col-
lard fit connaître à Paris la philosophie de Reid,
au moment même où elle commençait à être
attaquée à Édimbourg, ce fut presque une révélation pour la France.

L'Allemagne aussi, l'Allemagne si juste d'ailleurs envers l'étranger, elle qui a su s'approprier les trésors de toutes les littératures, s'isola, quant à la philosophie, comme la France, comme l'Écosse. Ses éclectiques, il est vrai, connaissaient et traduisaient tous les meilleurs ouvrages anglais; le sensualisme français même y compta de nombreux partisans; mais depuis Kant, qui pourtant s'était inspiré de Hume, la pensée nationale subit peu l'influence étrangère, s'abandonna de plus en plus exclusivement à ses propres inspirations, et à mesure qu'elle se livrait ainsi à son seul génie, l'Allemagne philosophique devint de plus en plus inintelligible aux autres nations. M. de Schelling le reconnaît hautement : « Les « Allemands, dit-il dans l'opuscule que nous « traduisons, avaient depuis si long-temps philo- « sophé uniquement entre eux, que leurs spécu- « lations et leur langage s'éloignèrent toujours « plus de la pensée et du langage universellement « intelligibles. Plus, après quelques vains efforts « pour répandre les idées de Kant au dehors, ils « renoncèrent à se faire comprendre aux autres « nations, plus ils s'habituèrent à se regarder « comme le peuple élu de la philosophie. »

Voici, en effet, comment en 1816 Hegel s'exprimait en ouvrant son cours d'histoire de la
philosophie à Heidelberg : « Nous verrons que
« dans les autres contrées de l'Europe où les
« sciences sont cultivées avec zèle et autorité, il
« ne s'est plus conservé de la philosophie que le
« nom; que tout souvenir, que l'idée même en
« a péri, et qu'elle n'existe plus que chez la nation
« allemande. Nous avons reçu de la nature la
« mission d'être les conservateurs de ce feu sacré,
« comme aux Eumolpides d'Athènes avait été
« confiée la conservation des mystères d'Éleusis,
« aux habitans de Samothrace celle d'un culte
« plus pur et plus élevé; de même que plus an-
« ciennement encore l'*esprit universel* avait donné
« au peuple juif la conscience que ce serait de
« lui qu'il sortirait renouvelé.[1] »

Il résulte du coup d'œil rapide que nous avons
jeté sur les dernières révolutions des sciences
philosophiques, qu'à aucune autre époque la
pensée européenne n'a présenté une aussi grande
diversité que de nos jours; que jamais elle n'a
été aussi différente d'elle-même; que plus elle

---

[1] *Vorlesungen über die Geschichte der Philosophie*, t. I, p. 4. —

s'est nationalisée, plus aussi elle a cessé d'être intelligible pour tous les esprits cultivés. L'Angleterre et l'Écosse ignorant la France et l'Allemagne, la France ne voyant guère dans Kant [1] et Fichte que des rêveurs, amis de l'obscurité; l'Allemagne enfin refusant à tous les autres peuples le génie philosophique : tel est le spectacle qu'offraient naguères les nations les plus avancées de l'Europe. Jamais on n'a été plus loin de s'entendre, et jamais il n'y a eu moins une philosophie européenne.

Ne nous plaignons pas cependant que les nations se soient ainsi isolées pendant quelque temps, et que, se livrant sans réserve à la pente naturelle qui les entraînait, elles aient suivi jusqu'au bout la direction dans laquelle les a poussées leur génie.

Les nations ont leur individualité, leur esprit

---

[1] Une preuve de l'ignorance où l'on était en France dans ces derniers temps encore sur Kant, sont, entre autres, les articles *idéalisme* et *réalistes* dans le Dictionnaire, excellent d'ailleurs, de MM. Noël et Chapsal. Sous le premier on lit : *Système de ceux qui*, COMME KANT, *adoptent les idées innées*; et sous le second : *Ceux qui*, D'APRÈS KANT, *regardent les êtres abstraits comme des êtres réels.*

particulier, qui est le produit du climat d'abord, ensuite de la langue, de la religion, de l'histoire, et qui réagit sur ses propres causes et marque de son empreinte toutes les productions d'un peuple, toute sa vie morale et intellectuelle.

- Les peuples de l'Europe, malgré leur commune origine et tous leurs rapports de religion, de mœurs, de lois, de commerce et de politique, sont néanmoins diversement doués et ont naturellement des tendances diverses. Cette diversité est, quant aux productions intellectuelles, surtout en raison de la diversité des langues, instrument de la pensée. Les langues, bien que le génie national ait une grande part à leur formation, ont été, quant à leur fond, fatalement imposées aux nations modernes, et ont ainsi à leur tour modifié leur caractère et prédéterminé en quelque sorte, en grande partie du moins, la nature et la direction de leur esprit philosophique.

Celles des tribus germaniques qui, lors de leur grande migration vers l'Ouest et le Midi, par suite de leur infériorité numérique et de leur grand éloignement de la mère-patrie, adoptèrent avec des modifications diverses la langue des vaincus, les Français, les Italiens, les Espagnols, parlent des idiomes que leur construction, presque toujours analytique et directe, et la simplicité de leurs formes rendent d'une admirable clarté, mais qui, comme langues dérivées, manquent de liberté, de force, de richesse et d'originalité. Les idiomes romano-germaniques sont merveilleusement propres à conserver et à reproduire les idées acquises et consacrées ; mais ils se prêtent difficilement à l'expression des idées nouvelles et progressives, surtout au moment où celles-ci sont en travail et cherchent à naître, et en leur qualité de langues dérivées, ils ne sont plus le dépôt fidèle, l'image naïve et pour ainsi dire contemporaine des opérations de l'esprit, des actes de l'intelligence et des mouvements de l'ame. Ces langues, la française plus que toutes les autres, sont fixées et arrêtées au point qu'une idée nouvelle est presque toujours forcée, pour s'exprimer, de recourir au néologisme, si ce n'est à celui qui emploie des mots entièrement nouveaux, du moins à celui qui donne à d'anciens mots un nouveau sens.

Les idiomes que parlent les peuples germaniques purs, ont les défauts et les qualités con-

traires; la langue allemande surtout, qui en est
la forme la plus parfaite, par la richesse de son
vocabulaire, par la multiplicité de ses tours et
de ses inversions, par la grande liberté de ses
mouvements, est plus favorable à l'invention et
rend sans effort les idées nouvelles et les idées
étrangères; et grâce à l'originalité de ses forma-
tions, elle est, plus qu'aucune langue moderne,
l'expression immédiate et naïve des sentiments
primitifs, des faits de la conscience. Mais d'un
autre côté, à cause de son extrême ductilité et
de cette liberté même qui lui est propre, elle se
prête facilement à l'usage le plus arbitraire, et
devient un instrument docile à toutes les licences
de l'imagination et à toutes les aberrations de
l'esprit spéculatif le plus excentrique. De là il est
arrivé qu'il n'y a plus en Allemagne un langage
philosophique commun et le même pour tous,
et que tel philosophe non-seulement est intra-
duisible, mais encore inintelligible même aux
esprits les plus cultivés de sa propre nation, tant
qu'ils n'ont pas fait une étude spéciale de sa
langue.

Il est inutile d'insister sur tant d'autres différences encore, comme celle de la religion, celle

des mœurs, celle des institutions littéraires et politiques, pour faire sentir combien, après cinquante années de marche solitaire, les diverses philosophies de l'Europe, et surtout celle de la France et celle de l'Allemagne, ont dû se trouver en désaccord, et combien, lorsqu'elles ont voulu s'entendre, les difficultés ont dû paraître grandes, sinon insurmontables.

Le moment où ce besoin d'intelligence devait se faire sentir ne pouvait manquer d'arriver. Il arriva après que chacune des trois grandes nations philosophiques eut épuisé la direction particulière où elles s'étaient respectivement engagées, et alors qu'une paix générale leur permit de s'approcher autrement que sur les champs de bataille.

En Angleterre, l'empirisme avait dégénéré en *utilitarisme* et en philosophie du sens commun et de l'instinct; la philosophie proprement dite y était à recommencer, puisque c'est précisément au-dessus de l'expérience et du principe de l'utile qu'elle veut s'élever, et que c'est cette autorité même du sens commun qu'elle met en question.

En France, le sensualisme de Locke et de Condillac s'était traduit en matérialisme universel et en morale de l'intérêt, et la puissance logique même avec laquelle ce système fut exposé dans les *Mémoires* de Cabanis, dans le *Catéchisme* de Volney et dans l'*Idéologie* de M. Destutt de Tracy, fut un service rendu à la science et à l'humanité, puisque chacun pouvait y voir sans peine combien devait être absurde une philosophie qui faisait naître la pensée des sécrétions du cerveau et qui, en érigeant l'intérêt personnel en principe suprême de la morale, déclarait folie toute espèce de dévouement à la famille, à l'amitié, à la patrie, à l'humanité.

En même temps l'histoire s'était chargée de donner un éclatant démenti à ce système et par les crimes inouïs qui s'autorisaient de ses maximes, et par une foule d'actions héroïques et sublimes, qui attestaient dans l'homme une autre dignité et une autre origine que celles que la philosophie dominante lui reconnaissait. Après quelques vaines tentatives de corriger le système en y introduisant des éléments qu'il repoussait, ou de lui opposer une autre philosophie, qui avait vieilli et qui était trop peu analogue à l'esprit actuel de la nation, les hommes distingués placés à la tête de l'enseignement philosophique se tournèrent alors vers l'étranger, et lui empruntèrent des idées propres à raviver en France l'étude de la philosophie et à lui imprimer une direction nouvelle. On s'adressa tour à tour aux sources pures et limpides, mais peu profondes, de la philosophie écossaise, et aux mines riches et fécondes, mais d'un abord difficile, de la philosophie allemande.

Cependant en Allemagne aussi, où le mouvement philosophique, commencé par Kant, allait se consommer sous la main puissante de Hegel, beaucoup de bons esprits éprouvèrent le besoin de se mettre en rapport avec la pensée des autres peuples. Ils sentirent la nécessité de se familiariser avec les travaux des philosophes anglais et français, et de se faire comprendre par eux, et M. de Schelling déclara sans détour *qu'une philosophie qui ne savait se rendre intelligible à toutes les nations éclairées et s'exprimer convenablement en toute langue cultivée, ne pouvait être la philosophie vraie et universelle.*

Cette tendance des meilleurs esprits de l'Allemagne et de la France, à se rapprocher et à s'entendre, est le fait le plus intéressant de l'histoire de la philosophie de ces derniers temps. Dans ce grand travail d'échange et de conciliation, ce sont les Français, M. Cousin à leur tête, qui montrèrent le plus d'ardeur et de méthode.

Mais voici qu'au milieu de toutes ces communications, de ces studieux efforts pour importer en France des idées étrangères, un cri a retenti : « Vous dénationalisez la philosophie ; il nous « faut une philosophie toute nationale, toute « française. »

A cette objection la première réponse qui se présente, c'est de dire que la philosophie est la connaissance réfléchie de la vérité, et que la vérité n'est ni française ni allemande, pas plus qu'il n'y a une géométrie allemande ou française. La réponse est bonne et frappante ; mais elle ne suffit point et a besoin d'être complétée. En effet, la philosophie n'est pas seulement la connaissance et l'exposé de la vérité pure et simple, de la vérité objective, comme disent les Allemands ; mais encore une certaine manière de la saisir et de l'exposer. Les idées, les vérités particulières que renferme une philosophie, et qui, dépouillées de leur enveloppe, peuvent être aisément transmises, doivent être distinguées du système, de l'ensemble dont elles font partie, et qui ne peut convenir qu'à celui qui l'a construit. Tout système a quelque chose de subjectif, quelque chose qui vient de l'individu dans la tête duquel il s'est formé, de la nation et de l'époque auxquelles cet individu appartient. Il n'en est point ainsi de la géométrie : là tout est objectif, et dans la forme et dans le contenu. Elle est la même dans Euclide et chez de Laplace : la différence n'est que dans l'étendue et la méthode.

Tout dépend donc ici du sens qu'on attache à l'objection, de la portée qu'on entend lui donner. On peut soutenir en même temps les propositions suivantes, toutes contradictoires qu'elles paraissent : une philosophie véritable est toujours nationale ; toute philosophie qui veut être utile doit être nationale, et il n'est pas bon qu'elle soit exclusivement nationale. Pour procéder avec plus de méthode, nous allons remonter un peu plus haut et entrer dans quelques détails sur la nature même des systèmes de philosophie.

Dans un certain sens, il n'y a qu'une seule philosophie. Quant à son but et quant au dernier terme de son développement, la philosophie est une. Mais cette philosophie une et seule absolument vraie, personne n'y a attaché son nom, ni en Grèce, ni à Rome, ni en France, ni en

Allemagne, ni en Angleterre. Elle n'existe nulle part, mais les penseurs de tous les temps et de tous les pays y aspirent, y travaillent, y concourent. Platon et Aristote, Proclus et S. Augustin, S. Thomas et Abailard, Bacon et Descartes, Hume et Kant, tous les philosophes l'ont poursuivie sous une autre forme, et en ont possédé et exprimé une partie. La philosophie complète, objective, absolue est une; mais il y a autant de philosophies particulières que de penseurs, d'époques et de pays indépendants. Il y en a d'individuelles, de nationales, de temporaires.

Il y a de la fatalité dans la direction que prend la pensée dans tel individu, chez telle nation, à telle époque. Nul système n'est entièrement le produit d'une libre activité; mille circonstances concourent à le former et à le rendre tel qu'il est. Tout système se forme et se développe sous l'empire de la nécessité.

Il y a des sentiments et des idées qui sont de tous les temps, et de tous les degrés de latitude et de civilisation : ils constituent la conscience du genre humain et le fondement de la philosophie universelle.

Il y a des pensées, des opinions qui sont pro-

pres à tout un siècle, à plusieurs nations con-
temporaines et vivant d'une même vie morale
et intellectuelle : elles constituent la philosophie
d'un âge, sont l'expression de ses besoins, le principe et la base de toutes ses institutions : elles
changent et passent avec les nécessités qui les
avaient fait naître.

Il est ensuite des pensées et des sentiments qui
appartiennent plus particulièrement à tout un
peuple, qui sont le résultat et l'expression de son
histoire et de son génie, et qui constituent une
sorte de philosophie nationale, ou, pour dire
plus vrai, qui donnent à la philosophie parmi
ce peuple un caractère de nationalité; mais cette
nationalité est toujours plus ou moins restreinte
et neutralisée par le développement général de
l'humanité et par l'esprit des nations contempo-
raines et circonvoisines.

Quant aux individus, enfin, il y a dans la
manière dont se forme leur philosophie, à la fois
plus de liberté et plus de dépendance. Plus de
liberté, en ce que l'individu seul est en possession du libre arbitre, et qu'il peut, malgré son
point de départ, qui lui est imposé, diriger lui-
même sa pensée, comparer les systèmes, essayer

de les combiner et de les concilier, et, s'inspirant
des idées et des sentiments purement humains,
s'élever jusqu'à un certain point au-dessus des
préjugés de nation et d'époque, rapprocher par
l'étude les temps et les lieux les plus éloignés.
Mais aussi plus de dépendance, en ce que l'individu dépend tout à la fois de l'esprit de son
siècle et de l'esprit de sa nation et de sa propre
constitution. Quoi qu'il fasse, de quelque puissance d'iniative et de création qu'il soit doué, il
est toujours fils de son temps et de son peuple :
il est de plus sous l'empire, si ce n'est l'esclave,
de sa nature individuelle.

Tout système nouveau, quelque original qu'il
paraisse, se ressent nécessairement de l'éducation
qu'a reçue son auteur; et par éducation nous entendons ici l'action qu'ont exercée sur lui toutes
les circonstances au milieu desquelles son individualité s'est développée : les habitudes morales
et intellectuelles, les leçons et les exemples de
ceux qui ont cultivé son enfance et sa jeunesse;
ses études et ses propres destinées; l'esprit de son
temps et toute l'histoire politique, littéraire, religieuse de sa nation; tout cela pèse incessamment
sur lui et influe sans cesse sur ses sentiments les

plus intimes, sur ses pensées les plus personnelles, sur tout son être et sur tout ce qu'il produit.

Après ces considérations il sera facile de dire à quelles conditions une philosophie quelconque est transmissible, et comment la transmission doit se faire pour devenir utile.

D'abord nul système individuel ne peut se transmettre comme tel à un autre individu, par la seule raison qu'il n'y a pas deux individualités identiques, et que nul ne peut verser son ame dans celle d'un autre. Un système pourra s'imposer intégralement à des disciples par l'ascendant du génie, du caractère et de l'éloquence; mais ce sera alors l'œuvre de l'autorité, de la persuasion, et non celle de la puissance victorieuse de la raison s'adressant à la raison : il y aura foi et non conviction. Aristote ne sera jamais Platonicien, et Fichte ne se contentera point de la philosophie de Kant. Mais, dit-on, le principe une fois admis, toutes ses conséquences ne le seront-elles pas nécessairement et avec elles tout le système? Sans doute, mais où donc est le système qui repose tout entier sur des faits et sur des principes incontestés? D'ailleurs, en dépit des lois de la logique, on peut par sentiment se refuser à

de certaines conséquences, toutes rigoureusement
déduites qu'elles paraissent.

Il résulte de tout cela que plus une philosophie est originale et mêlée d'éléments subjectifs,
moins elle est transmissible, et qu'un système individuel ne peut se transmettre réellement à un
autre individu qu'en raison de l'analogie qui
existera entre le maître et le disciple.

Cette loi de l'analogie est générale.

On ne peut redonner la vie à un système ancien, qu'autant que l'époque actuelle a quelque
rapport avec le temps où il naquit. La philosophie grecque n'est plus qu'une étude, mais elle
nous intéresse plus que la philosophie indoue;
la philosophie du dix-huitième siècle ne convient
plus au dix-neuvième, mais elle a plus d'importance pour nous que celle du seizième ou du dix-
septième siècle. « Chaque philosophie, comme
« expression d'un développement temporaire, ap-
« partient à son temps... Chacune est un an-
« neau de la grande chaîne du développement
« intellectuel : elle ne peut satisfaire que les in-
« térêts et les besoins du siècle où elle est née...
« Les anciennes philosophies vivent encore dans
« leurs principes; mais elles ne sont plus en tant

« que platonisme et aristotélisme, etc. L'esprit
« ne peut retourner sur ses pas... C'est en vain
« qu'on s'adresserait aujourd'hui à quelque phi-
« losophie de l'antiquité pour y trouver la ré-
« ponse aux questions soulevées par les moder-
« nes. ¹ » Les doctrines anciennes sont passées et
abolies comme systèmes, bien que présentes et
conservées dans leurs principes. La vérité ne
vieillit point, mais bien la forme sous laquelle
elle se produit; les principes ne changent point,
mais ils se complètent et s'élaborent autrement
selon le progrès de l'esprit philosophique et les
besoins des temps. Les systèmes anciens n'ont
une valeur actuelle qu'autant que les circonstances temporaires y ont eu moins de part, et
qu'il y a quelque analogie entre ces cirsonstances
et celles de l'époque où l'on essaie de les reproduire.

De même enfin une philosophie ne pourra
passer d'un pays dans un autre qu'en raison de
l'analogie qui existera entre les deux peuples.
C'est ainsi que la philosophie de Locke s'intro-

1 Hegel : *Vorlesungen über die Geschichte der Philosophie*,
t. I, p. 59 — 62.

duisit aisément dans la France du dix-huitième siècle, tandis que, au commencement du dix-neuvième, elle refusa de s'assimiler les idées de Kant, qui pourtant ne manquaient pas d'interprètes. Ce serait en vain qu'on tenterait d'imposer à une nation un système né sous l'influence prédominante d'une nationalité étrangère, et une telle entreprise serait, par impossible, couronnée d'un plein succès, que ce succès serait ou sans utilité réelle, ou même un danger.

Mais parce qu'un système individuel ne peut se transmettre intégralement aux autres, renoncera-t-on à l'enseignement de la philosophie, et chacun ne reconnaîtra-t-il que soi pour maître? Certainement non. L'enseignement et l'étude n'en seront pas moins nécessaires. Le disciple accueillera avec empressement ce qui lui est analogue, et tout ce qui dans les leçons qu'il reçoit sera humain et vrai, retentira dans son coeur et dans son esprit, et hâtera son développement moral et intellectuel.

De même on ne cessera d'étudier les philosophies du passé, bien qu'aucune d'elles ne suffise plus à nos besoins, bien que dans toutes la vérité éternelle soit mêlée d'erreurs locales et temporaires, et revêtue de formes qui ont vieilli. Le temps présent est héritier de tous les temps passés, mais il n'accepte en quelque sorte cet héritage que sous bénéfice d'inventaire. Chaque nouvelle génération est l'élève de toutes celles qui l'ont précédée; mais grandie par elles, elle modifie les idées qu'elle a reçues, en y ajoutant, et elle transmet aux races futures cette immense succession, plus riche et sous une forme nouvelle.

De même encore, parce qu'une philosophie étrangère ne doit ni ne peut être introduite au milieu d'une nation; parce que, telle qu'elle est, elle ne peut convenir qu'au peuple au sein duquel elle s'est formée, il ne s'ensuit point que l'on ne doive pas étudier les systèmes exotiques, que l'on ne puisse leur emprunter les idées principales et les approprier au génie de son pays. Les nations peuvent apprendre les unes des autres sans porter atteinte à leur indépendance, comme les individus peuvent s'étudier réciproquement sans cesser d'être eux-mêmes, et comme le siècle actuel a recueilli l'héritage des siècles passés, sans que pour cela il soit destitué de toute originalité.

Il ne faut pas que l'orgueil national, qui peut être fort bien placé ailleurs, vienne mettre des entraves à cet échange des idées, et empêcher les conquêtes paisibles de l'intelligence. Il n'est pas à craindre que la nationalité y périsse, en ce qu'elle a de bon, puisque les idées, en franchissant les frontières, pour être accueillies et se naturaliser, sont obligées de se dépouiller de leur air étranger et de parler la langue du pays où elles prétendent s'établir.

D'ailleurs, il ne s'agit pas ici d'institutions ou de vues politiques à arracher de leur sol, pour les transplanter dans un pays qui s'y refuse ou qui ne pourrait les recevoir sans les altérer ou sans s'altérer lui-même. Et ici encore, si l'imitation est ou une abdication de nationalité ou une source de désordre, l'étude ne peut qu'être d'une grande utilité. Il ne s'agit pas non plus d'ouvrir les portes à l'invasion d'une littérature étrangère, invasion qui peut être, comme la conquête par les armes, ou un moyen de régénération, ou la mort de la vie nationale.

Si c'est un malheur pour une nation que ses législateurs veuillent lui imposer des institutions anciennes ou étrangères, qui a jamais fait un crime à nos publicistes d'étudier et de comparer curieusement les lois de tous les temps et de tous les pays, et qui n'a pas applaudi à la création parmi nous d'une chaire de législation comparée ?

Au dix-huitième siècle, la nation allemande avait raison de se plaindre que l'imitation de la littérature française l'eût envahie et que le plus grand de ses rois écrivit lui-même en français; mais ensuite, quand elle eut reconquis son indépendance littéraire, elle put sans danger faire l'étude la plus assidue de toutes les littératures du monde.

Enfin il ne s'agit pas de jeter au milieu d'un peuple encore peu cultivé les idées d'une civilisation très-avancée ou corrompue¹. Il n'y a point d'idées trop fortes que les Français ne puissent recevoir et s'assimiler sans danger.

Malgré la variété que présente la civilisation des peuples divers de l'Europe qui se livrent avec

---

¹ Catherine II, que Voltaire eut tort de flatter, ayant convoqué à Moscou des députés de toutes les provinces de son vaste empire, leur mit entre les mains l'Esprit des Lois de Montesquieu. On sait ce qu'il en advint. Dans ce moment-ci les journaux annoncent, quelques-uns avec un air de triomphe, qu'un Hetmann de Cosaques a traduit en langue russe les *poésies* de Parny, voire même la *Guerre des dieux !*

quelque succès aux études philosophiques, cette civilisation est néanmoins *une*; elle a eu partout un même point de départ, les mêmes aliments, a parcouru les mêmes degrés et a revêtu partout à peu près les mêmes formes : il y a entre ces peuples beaucoup plus d'analogie que de différence. Nous avons vu que long-temps la philosophie fut presque la même en France, en Angleterre, en Allemagne; que la réformation même et toutes les divisions politiques et religieuses qui s'ensuivirent, interrompirent peu cette marche commune. Il y eut ensuite séparation; mais outre que cette séparation ne fut jamais absolue, elle tournera au profit même de la philosophie; à la condition toutefois que, maintenant que tout ce qui avait été départi aux différentes nations d'originalité et de puissance intellectuelle, a pu s'employer à son service, et que toutes les langues lui ayant servi d'instrument, l'ont par-là même enrichie, il s'établisse entre les philosophies diverses des communications suivies, qui préparent un grand travail de révision et de critique générale et mutuelle.

Les nations et la philosophie ne pourront que gagner à ces communications, puisqu'elles se feront au profit de la vérité. La vérité, que tous aiment et poursuivent, en sortira plus pure et plus complète, et rien de ce qu'il y a dans les diverses nationalités de vraiment grand et de bon ne saurait s'effacer sous son bienfaisant empire.

Si c'est une chose naturelle, inévitable, que toute philosophie porte le cachet du caractère de la nation au sein de laquelle elle est née; s'il est même vrai de dire que nulle philosophie ne peut exercer une utile influence sur la vie de tout un peuple qu'autant qu'elle est nationale, c'est-à-dire qu'elle correspond à ses besoins et qu'elle s'adapte à son génie : il est vrai aussi que plus une philosophie est empreinte de nationalité, plus elle est loin de la vérité. Hegel a insisté plus que personne sur l'espèce de fatalité qui préside aux destinées de la philosophie, et qui fait dépendre les systèmes et du caractère individuel des génies originaux, et surtout de l'esprit des temps et de l'esprit des peuples; mais il a dit aussi que la philosophie en général est d'autant plus riche et plus complète qu'elle est plus récente et moins pénétrée de nationalité.

Que chaque nation poursuive sa route et s'abandonne à son génie : cette variété d'existences

nationales, d'institutions, de langue et de gou-
vernement est dans le plan de la Providence et
dans l'intérêt de la liberté, de la prospérité, de
la vérité même. Mais aussi que partout les esprits
élevés qui savent apprécier toute l'importance
des études philosophiques, importance que toute
l'histoire proclame en bien et en mal, ne crai-
gnent pas d'enrichir la pensée nationale des
meilleures productions de la pensée étrangère.
L'une et l'autre, en se combinant et se pénétrant,
s'épureront et se compléteront, et grâce à cette
heureuse alliance, bientôt la philosophie, sans
cesser d'être allemande, française, anglaise, sera
en même temps européenne, et d'autant plus près
de la vérité qu'elle sera comprise partout et plus
universellement intelligible.

M. DE SCHELLING,
SUR LA PHILOSOPHIE
DE M. COUSIN.

Le texte ci-après est, autant que j'ai pu en juger,
une traduction fort bien faite de la *Préface* que
M. *Cousin* a placée en tête de la seconde édition de
ses *Fragmens philosophiques*[1]. Déjà l'année passée
j'avais écrit pour une de nos feuilles[2] une annonce
critique de cette Préface, et maintenant j'ai consenti
avec plaisir à ce que ce jugement servît en quelque
sorte de préambule à la traduction faite par mon
ami et ancien élève, le professeur *Beckers*. Mais,
comme cette annonce, qui parut aussitôt après
l'original, était destinée à des lecteurs qui ne l'au-
raient pas sous les yeux, elle en renfermait plusieurs
passages littéralement traduits. Pour les lecteurs de
la présente traduction, cette partie de mon premier
travail est devenue inutile, et il a fallu me décider à
donner un peu plus d'extension à la partie critique,
et prendre occasion des propositions de l'auteur,
pour y rattacher quelques observations fugitives.

---

1. Paris, 1833.
2. Les Annales de Bavière, 1833, n.º 135. *Blatt für Lite-
ratur, N.º XC.*

Dans ses voyages répétés en Allemagne, M. Cousin
s'est acquis l'estime et l'amitié non-seulement des
hommes qui suivaient la même carrière que lui,
mais des savans en général; et ce qui continuera
d'assurer à ses travaux l'intérêt de l'Allemagne littéraire, c'est qu'avec le savant et spirituel M. Guizot
et un petit nombre d'autres, il fut le premier qui,
après les guerres de la révolution et de l'empire,
appelât l'attention de ses compatriotes sur la science
et la littérature allemandes. Il le fit surtout avec
bonheur, quant à la philosophie. Ceux qui, parmi
nous, pourraient encore être tentés de croire que
ce n'est pas à nous de lui en savoir gré et que tout
l'avantage de ces communications a été pour les
Français, feraient par là preuve de peu de sens. Car
qui pourrait ne pas convenir que, pour la clarté,
la netteté et la précision du style en matières scien-
tifiques, il n'y ait quelque chose à apprendre de nos
voisins de l'ouest? Or, le style, la manière de dire
les choses, lorsqu'une fois on y attache quelque
prix, réagit toujours sur les choses elles-mêmes.
Les Allemands avaient depuis si long-temps philo-
sophé uniquement entre eux, que leurs spéculations
et leur langage s'éloignèrent de plus en plus de ce
qui est universellement intelligible, et que le degré
de cet éloignement de la manière commune de penser et de s'exprimer, finit par devenir en quelque
sorte la mesure du talent philosophique. Les exem-

ples ne nous manqueraient pas. De même que certaines familles qui se séparent du reste de la société pour vivre entre elles, parmi d'autres singularités répulsives, finissent par affecter des expressions qui leur sont propres et qui ne sont intelligibles que pour elles seules, ainsi il en arriva aux Allemands en philosophie; et plus, après quelques vains essais de répandre les idées de Kant au dehors, ils renoncèrent à se faire comprendre des autres nations, plus ils s'habituèrent à se regarder comme le peuple élu de la philosophie, oubliant que le but primitif de toute philosophie, but souvent manqué, mais qu'il n'en faut pas moins toujours poursuivre, est d'obtenir l'assentiment universel en se rendant universellement intelligible. Ce n'est pas à dire, sans doute, qu'il faille juger les œuvres de la pensée comme des *exercices de style;* mais toute philosophie qui ne peut se faire comprendre de toutes les nations civilisées et être exprimée convenablement en toute langue, par cette raison seule, ne saurait être la philosophie vraie et universelle. L'intérêt avec lequel les étrangers commencent à suivre la marche de la philosophie allemande, ne peut donc manquer de réagir favorablement sur elle-même. L'écrivain philosophique qui, il y a quelques dizaines d'années, ne pouvait s'écarter de la terminologie reçue et des formes consacrées sans s'exposer à passer pour un homme peu scientifique, pourra désormais se délivrer plus impunément de cette contrainte. Il cherchera la profondeur dans les pensées, et tout au moins une complète absence de facilité et de clarté dans l'expression ne sera plus réputée, comme cela est arrivé, talent et inspiration philosophiques.

Au moment où nous allons donner à nos lecteurs une idée des doctrines de M. Cousin, nous sentons plus que jamais tout ce qu'il faudrait encore d'éclaircissemens et de discussions pour rapprocher la philosophie allemande et la philosophie française; et les limites dans lesquelles devra se renfermer le présent écrit, nous permettent à peine d'espérer qu'elles pourront dès à présent s'entendre parfaitement.

Avant d'examiner les rapports des travaux de M. Cousin avec la philosophie allemande, il est nécessaire de considérer sa position relativement à la philosophie française. Pour pouvoir apprécier avec justice ce qu'il a fait, il ne faut pas perdre de vue le point duquel seul il lui était permis de partir. Pour se rendre intelligible à ses compatriotes, il lui fallut prendre la philosophie là où il la trouvait arrivée parmi eux. En Allemagne même toute transition brusque dans la succession des systèmes philosophiques a été impossible. Il est de la nature la plus intime de la philosophie, que la vérité elle-même ne saurait se montrer avec l'espoir d'être accueillie, avant que toutes les explications antérieurement possibles aient été tentées et épuisées.

Pour caractériser en peu de mots l'individualité philosophique de M. Cousin, nous dirons qu'il sentit la nécessité de s'élever de l'empirisme qu'il trouva autour de lui, et qu'il reconnaît encore pour point de départ, à une philosophie rationnelle et fondée sur des principes universels. L'empirisme qui constituait ce qu'on appelle la philosophie du dix-huitième siècle, était un sensualisme pur, c'est-à-dire cette doctrine selon laquelle toutes les fonctions, toutes les facultés de l'esprit, toutes les idées et le syllogisme lui-même, ne seraient que la sensation persistante, répétée, combinée ou transformée. Or, cet empirisme, M. Cousin l'admet en ce sens, que l'observation en général et celle de la nature humaine en particulier lui paraît le seul point de départ légitime de toute philosophie, et que, selon lui, de tous les faits psychologiques, la sensation est le premier et le plus prochain. Mais il ne s'arrête pas à ce fait, et il déclare que si, quant au principe de la méthode, il se rattache à la philosophie française, il s'en sépare dans l'application; qu'une observation impartiale fait voir dans la conscience des phénomènes que nulle construction ne peut ramener légitimement à la seule sensation. Le premier de ces phénomènes est, selon lui, ce qui est opposé à ce qui est purement passif dans l'impression sensible : c'est ce qu'il appelle *activité*, puis *personnalité* et *volonté*, et il prétend que cette activité libre et volontaire constitue à elle seule toute la sphère de la personnalité, du sujet, du Moi. Il y a là, ce nous semble, solution de continuité ; car, que devient cette activité, qui, à notre insu, s'applique à l'impression sensible, pour la transformer en représentation ? Pour peu que l'on connaisse la marche antérieure de la philosophie sensualiste, on ne s'étonnera pas que, pour ménager cette transition de la réceptibilité, ou de la sensibilité, à la spontanéité, M. Cousin se serve principalement du phénomène de l'*attention* que nous appliquons *volontairement* aux sensations. Une seconde manière d'arriver à ce même résultat, nous la trouvons dans une autre *Préface* de M. Cousin, qu'il a placée en tête d'un ouvrage posthume de M. Maine de Biran [1]. « Condillac et ses disciples, dit-il, « expliquent toutes nos facultés par la sensation, « c'est-à-dire par l'élément passif. Pour eux, l'at- « tention est la sensation devenue exclusive ; la « mémoire, une sensation prolongée ; l'idée, une « sensation éclaircie. Mais qui éclaircit la sensation « pour la convertir en idée ? Qui retient ou rappelle « la sensation pour en faire un ressouvenir ? Qui « considère isolément la sensation pour la rendre « exclusive ? Une sensation devenue exclusive par

1. Nouvelles considérations sur les rapports du physique et du moral de l'homme. Paris, 1834.

« sa vivacité propre n'est pas l'attention qui s'y ap-
« plique, et sans laquelle, plus la sensation serait
« exclusive, moins elle serait perçue. »

Jusqu'ici, c'est-à-dire pour ce qui est de la recon-
naissance du fait de la spontanéité ou de la volonté,
considérée comme une source de phénomènes psychologiques indépendante de la sensation, il paraît
que M. Cousin avait été précédé par M. Maine de
Biran. Mais celui-ci s'était arrêté là, tandis que
M. Cousin reconnut et distingua des *faits sensibles*
et des *faits volontaires*, un troisième ordre de faits
non moins réels, les faits rationnels. Au-dessus de
la sensibilité et de l'activité il place la *faculté de
connaître*, qu'on appelle la *raison*. « On pense
« comme on peut, non pas comme on veut, dit-il;
« saisir, reconnaître une vérité, est un fait simple,
« indécomposable, *sui generis*, qui ne peut se ré-
« duire à la simple volonté attentive, non plus qu'à
« la sensation. Non-seulement je sens, mais je sais
« que je sens; non-seulement je veux, mais je sais
« que je veux; et ce savoir-là est tout-à-fait distinct
« de la volonté. D'ailleurs la seule volonté pourrait
« donner tout au plus l'idée de cause, mais non le
« principe de causalité ni l'idée de substance; et
« c'est pourtant par-là seulement que nous pouvons
« nous élever jusqu'à l'idée de la cause suprême et
« de Dieu. » Selon M. Cousin, Maine de Biran, s'il
eût vécu davantage, aurait fini comme Fichte, « le

« grand représentant, le véritable héros de la phi-
« losophie de la volonté et du moi; dont la théorie
« est la même que celle de M. de Biran, mais plus
« profonde encore dans ses bases psychologiques,
« plus rigoureuse dans ses procédés, plus hardie
« dans ses conséquences; cet idéaliste intrépide, ce
« stoïcien théorique et pratique, duquel on ne
« saurait pas dire si le système est plus fait pour le
« caractère ou le caractère pour le système; cette
« tête et cette ame si bien d'accord, cette nature si
« une et si ferme, cet homme fort par excellence,
« et précisément parce qu'il était fort, ne peut tenir
« jusqu'au bout dans le cercle aride où l'entraînait
« la rigueur de l'analyse et de la dialectique. En
« dépit de l'une et de l'autre, et quoi qu'il en ait
« dit, il changea de doctrine; et sortant du moi,
« il invoqua une intervention divine, une grâce
« mystérieuse qui descend d'en haut sur l'homme.
« Mais, pour que cette grâce nous éclaire et nous
« persuade, il faut bien qu'elle rencontre quelque
« chose en nous qui puisse la reconnaître, l'accueil-
« lir, la comprendre. [1] »

« Cette faculté supérieure, encore une fois, continue
« M. Cousin [2], c'est la raison, qui, si elle n'eût pas

---

1. Préface des Nouvelles considérations sur les rapports du
physique et du moral de l'homme, p. XL.

2. Ouvrage cité, p. XLI.

« été retranchée d'abord par l'esprit de système, eût
« naturellement révélé au philosophe, comme elle
« le fait au genre humain, toutes les grandes vérités
« que le scepticisme ne peut ébranler, que le mys-
« ticisme défigure, et notre propre existence, atta-
« chée à la volonté, et celle de la nature extérieure,
« qui a sans doute de l'analogie avec le moi, mais
« qui en diffère aussi, et au-dessus du moi et du
« non-moi, une cause première et souveraine, dont
« la cause personnelle et les causes extérieures ne
« sont que des copies imparfaites. » Le principe de
causalité et l'idée de substance, à l'aide desquels seulement nous parvenons à la partie dogmatique de
la philosophie, qui s'élève au-dessus de l'expérience
immédiate, sont fournis par la raison, laquelle n'est
encore pour notre auteur, conformément à sa manière de philosopher, qu'un fait, le seul fait de la
nécessité où nous sommes d'admettre avec confiance
le principe de causalité et l'idée de substance. Puisque la raison, considérée comme un simple fait,
n'est, en définitive, qu'un sentiment, il ne faut pas
s'étonner que, selon M. Cousin, « elle nous découvre
« le vrai, le bien, le beau et leurs contraires, tantôt
« à tel degré, tantôt à tel autre; ici, sous la forme
« du raisonnement et même du syllogisme, qui a
« sa valeur et son autorité légitime; là, sous une
« forme plus dégagée et plus pure, à l'état de spon-
« tanéité, d'inspiration, de révélation (à la manière

« de Jacobi). C'est là la source commune de toutes
« les vérités les plus élevées comme les plus hum-
« bles ; c'est là la lumière qui éclaire le moi et que
« le moi n'a point faite. Faute de reconnaître et de
« suivre cette lumière, on la remplace par son ombre.
« On passe à côté de la raison sans l'apercevoir ; puis
« on désespère de la science, et on se précipite dans
« le mysticisme, dont toute la vérité est empruntée
« pourtant à cette même raison qu'il réfléchit impar-
« faitement et à laquelle il mêle souvent de déplo-
« rables extravagances. [1] »

Maintenant que nous avons exposé les principes
de M. Cousin d'après lui-même, nous demanderons
en quoi donc consiste proprement sa philosophie ?
Dans ce que nous venons de citer, on remarque deux
parties essentiellement différentes et qu'il est impossible de réunir en une seule et même science. En effet,
la première ne sort pas de la sphère de la psychologie
et par conséquent de la subjectivité, et trouve seulement dans la conscience la faculté de ces principes
universels, à l'aide desquels ensuite une seconde partie, une partie dogmatique et objective, devra prou-
ver l'existence du monde extérieur, celle de notre
propre personnalité et celle de Dieu. Or, si cette
seconde partie seule mérite le nom de science et de
métaphysique, la première peut tout au plus lui

---

1. Même ouvrage, p. XXXIX.

servir de préparation et de fondement. M. Cousin dit lui-même que la psychologie n'est pas toute la philosophie, mais qu'elle en est le fondement. Dans tous les cas la philosophie de l'auteur n'est pas alors une philosophie *d'une seule pièce*, comme s'exprimait Jacobi. En second lieu, sa métaphysique est tout-à-fait pareille à celle qui régnait avant Kant, en ce qu'elle repose sur le seul syllogisme et que partout elle se contente du *que* sans s'occuper du *comment*[1]. Quelque peu de rapports qu'elle ait du reste, pour le fond et la forme, avec la scolastique, néanmoins ce qu'elle veut et ce qu'elle donne en apparence, ne va guère au-delà de la mesure de l'ancienne métaphysique de l'École, et elle est loin encore d'être une *philosophie réelle*[2], telle qu'on la demande aux systèmes modernes. Nous avons aussi des doutes sur divers autres points. Nous les exposerons suivant l'ordre des matières que l'auteur a observé lui-même dans sa dissertation.

---

1. C'est-à-dire qu'elle recueille et pose les faits sans les expliquer. Elle dit, par exemple, qu'il y a une cause souveraine du monde; mais elle n'explique point cette cause. (*Note du traducteur.*)

2. *Eine Real-Philosophie*, c'est-à-dire une philosophie qui ne s'occupe plus seulement du moi et des idées, mais qui explique la nature même des choses et leurs rapports. (*Note du traducteur.*)

I. MÉTHODE.

Ici l'auteur s'adresse spécialement à la nouvelle philosophie allemande, à laquelle il fait un reproche de passer de l'ontologie à la psychologie et non *vice versa*. Mais la métaphysique antérieure à Kant procédait de la même manière, et ce caractère ne distingue pas suffisamment la philosophie allemande actuelle de l'ancienne. Ce qui la caractérise davantage, c'est, comme dit M. Cousin, qu'elle *aspire à reproduire dans ses conceptions l'ordre même des choses*, et l'auteur nous accorde lui-même que dans cet ordre universel, l'homme n'est qu'un résultat, le résumé de tout ce qui précède, et que, prise objectivement, la racine de la psychologie est dans l'ontologie. « Mais, ajoute-t-il, comment sais-je cela, « comment l'ai-je appris ? » Et pour l'apprendre, ou, pour mieux dire, afin de s'assurer tout d'abord de l'ordre objectif, et particulièrement d'un principe objectif, il pense qu'il faut prendre son point de départ dans la psychologie. Mais si c'était là la seule différence qui séparât la méthode de M. Cousin de la méthode allemande, force lui serait de reconnaître que dans sa marche regressive ou analytique vers les principes et vers un principe absolu, la recherche doit arriver finalement à un point où, le principe étant trouvé, rien ne l'empêche de procéder par synthèse et de reproduire l'ordre naturel des choses.

Mais nous avons vu que sa métaphysique n'est pas faite ainsi, et que non-seulement il n'admet pas de science objective ou de philosophie qui reproduise l'ordre des choses, sans un fondement psychologique, mais qu'il ne reconnaît pas cette science elle-même, et qu'il n'y arrive ni par voie psychologique ni par aucune autre. Si donc, à notre tour, nous autres Allemands, nous ne pouvons approuver sa manière de commencer la philosophie, ce n'est pas que nous ne reconnaissions en aucun sens le besoin de l'expérience, ou que nous refusions d'admettre que toute philosophie relève individuellement de l'expérience. Dès la première ligne de sa *Critique*, Kant déclare que toute connaissance procède de l'expérience; et si l'on avait demandé à ce philo-sophe ou à tout autre défenseur des idées *a priori*, comment il avait appris l'existence de ces idées, il aurait répondu, sans aucun doute : c'est par l'ex-périence; car si nous n'avions pas le sentiment de l'universalité et de la nécessité, dont ces idées sont revêtues dans notre conscience, nous ne pourrions les distinguer de celles qui sont dépourvues de ces caractères. Ainsi l'assertion, qu'il est impossible de fonder la philosophie autrement que sur l'expé-rience, est superflue à l'égard de la philosophie allemande, et ce n'est pas du tout sur ce point que devra porter la discussion.

La différence qui nous sépare de M. Cousin, ce

n'est pas non plus que nous n'admettions pas la nécessité de faire précéder toute philosophie de certaines considérations, ou même de certains principes formels, et que nous tombions, pour ainsi dire, du ciel avec nos systèmes. Le rationalisme le plus absolu même, tel, par exemple, qu'il se montre dans la philosophie de Spinosa, s'est du moins dit d'avance qu'il faut commencer par ce dont la conception n'a pas besoin de la conception d'autre chose, *cujus conceptus non eget conceptu alterius rei.* Or, c'est là un principe purement formel, quelque chose dont on est assuré par l'idée seule de la science, et pour quoi il n'est besoin d'aucune expérience spéciale. Et, ce principe une fois établi, on peut commencer directement par ce qui se conçoit nécessairement et d'une manière absolue, c'est-à-dire, par ce qui ne peut ne pas se concevoir : ce n'est là qu'une conséquence du principe énoncé ci-dessus. La difficulté ne consiste pas à justifier un pareil point de départ, elle est dans la possibilité de marcher en avant en partant de là. Spinosa prétend que de la notion ou de la nature de la substance (comme il appelle ce qui se conçoit nécessairement et absolument), les choses finies se déduisent avec une nécessité tout aussi rationnelle, que de la notion même du triangle il s'ensuit que les trois angles sont ensemble égaux à deux angles droits; mais Spinosa ne prouve pas ce qu'il avance et se contente de l'affirmer.

Le système de philosophie auquel, dans les derniers temps, on a le plus décidément reproché de l'analogie avec le spinosisme[1], avait bien un principe de développement nécessaire dans son *sujet-objet* infini, c'est-à-dire, dans le sujet absolu, qui, en vertu même de sa nature, s'*objective* ou devient objet; mais qui de chaque *objectivité* revient victorieux et se montre chaque fois à une plus haute puissance de *subjectivité*, jusqu'à ce que, après avoir épuisé toute sa virtualité, toute sa possibilité de s'objectiver, il apparaisse comme sujet triomphant de tout. Dans ce *sujet-objet*, disons-nous, cette philosophie possédait un principe de développement nécessaire. Mais si le *rationnel pur*, ce qui n'a d'autre attribut que celui de ne pouvoir pas n'être pas conçu[2], est sujet pur, alors ce sujet qui, selon le système en question, en se développant, s'élève de chaque objectivité à une plus haute puissance de subjectivité, n'est plus simplement avec ce caractère ce qui ne peut pas ne pas se concevoir; ce caractère que le sujet n'avait pas originairement, est un attribut emprunté à l'expérience, et qui a été imposé à cette philosophie par un vif sentiment de la réalité des objets, ou par la nécessité de se procurer un

---

1. Ce système est celui de M. de Schelling lui-même, ou plutôt celui qu'il a professé autrefois, et qui paraît avoir subi depuis de grandes modifications. (*Note du traducteur.*)

2. *Das nur nicht nicht zu denkende.*

moyen de se développer et de construire le monde
extérieur. Or, ce que cette nécessité avait mêlé d'*empirique* ou d'expérimental au principe du *sujet absolu*, un philosophe venu plus tard[1], que la nature
semblait avoir prédestiné à renouveler de nos jours
le wolfianisme, l'en a distrait comme par instinct,
en substituant au principe vital et réel, auquel la
philosophie antérieure avait attribué la faculté de
se réaliser dans les objets et puis de retourner en
lui-même, la *notion* ou l'*idée logique*, à laquelle,
par la fiction la plus arbitraire et la plus étrange,
il attribuait une faculté pareille de mouvement
propre ou de développement nécessaire. C'est là
une invention dont l'honneur lui revient à lui
seul, et que la pauvreté intellectuelle a justement
admirée, ainsi que cette autre invention, par laquelle
il identifiait cette même *notion* dans son origine
avec l'être pur. Force lui fut de conserver le principe du mouvement, puisque sans lui il était impossible de faire un pas en avant; mais il en changea
le sujet, ce sujet étant chez lui, comme nous l'a-
vons dit, l'*idée logique* ou la notion. Or, attendu
que c'était celle-ci qui, selon lui, se développait, il
appela ce développement un mouvement *dialectique*,
et comme dans le système antérieur le mouvement

---

1. L'auteur fait ici la critique de la philosophie de Hegel.
(*Note du traducteur.*)

progressif n'était pas dialectique dans ce sens, il refusait toute méthode à cette même philosophie à laquelle il était redevable du principe de sa propre méthode, c'est-à-dire de la possibilité de construire un système à sa manière; c'était le moyen le plus simple de s'emparer de ce qu'elle renfermait de plus propre et de plus original.

Cependant le mouvement logique propre à la notion se soutient, comme on pouvait le prévoir, tant que le système se développe dans les limites de ce qui est purement logique; mais dès l'instant qu'il faut en sortir pour placer le pied sur le terrain de la réalité, le mouvement dialectique s'arrête et se rompt. Alors il faut recourir à une seconde hypothèse : l'*idée*, on ne sait trop pourquoi, ennuyée peut-être de son existence purement logique, s'avise de se décomposer dans ses *moments*, afin d'expliquer la création. La première supposition de cette philosophie, qui prétendait n'avoir besoin de rien supposer, fut d'attribuer à la notion purement logique la faculté de se transformer par sa nature même en son contraire, et puis de retourner à soi, de redevenir elle-même : chose qu'on peut bien penser d'un être réel, vivant, mais qu'on ne saurait dire de la simple notion que par la plus absurde des fictions. La seconde supposition fut d'imaginer que l'idée, ou la notion complète, puisse se rompre en quelque sorte, se séparer d'elle-même pour passer dans la nature; car cette transformation n'est plus un mouvement dialectique, mais un tout autre, auquel il serait difficile d'imposer un nom, pour lequel il n'y a pas de catégorie dans un système rationnel pur, et pour lequel l'inventeur lui-même n'en a point dans son propre système. Cette tentative de rétrograder avec les notions d'une philosophie réelle, déjà fort avancée, et à laquelle on avait travaillé depuis Descartes, vers le dogmatisme scolastique, et de fonder la métaphysique sur un principe purement rationnel, exclusif de toute réalité, tentative vaine par cela seul que l'élément *empirique* ou la réalité, repoussé d'abord, est réintroduit dans le système comme par une porte de derrière; cet épisode de l'histoire de la philosophie moderne, s'il n'a pas servi à son progrès, a du moins eu cet avantage de montrer par un exemple nouveau qu'il est impossible, avec le rationnel pur, d'arriver jusqu'à la réalité.

Ainsi donc, pour revenir à notre auteur, on peut fort bien commencer un système de philosophie par un principe *a priori*, par un principe purement rationnel, en le faisant seulement précéder de quelques considérations préliminaires. Là n'est point la difficulté. Mais de même que toutes ces formes qu'on appelle *a priori* n'expriment que le côté négatif de toute connaissance, ce sans quoi nulle connaissance n'est possible, et non le côté positif, ce par quoi elle naît, et que par conséquent leur caractère d'universalité et de nécessité n'est qu'un caractère négatif; de même dans ce *prius* absolu, qui dans son universalité et sa nécessité n'est autre chose que ce qui nulle part et en rien ne peut ne pas se concevoir, c'est-à-dire, l'être en soi (αυτο τό ΟΝ), on ne peut reconnaître que le caractère universel négatif, ce sans quoi rien n'est, mais non ce par quoi quelque chose existe. Or, si c'est précisément là ce qu'on cherche, si l'on veut connaître la cause positive de tout, si l'on aspire à une science réelle, il est aisé de voir qu'on ne peut parvenir au principe positif et qui renferme en lui le négatif, ni par la voie de l'empirisme seul, ni par la seule voie du rationalisme, le premier ne pouvant s'élever jusqu'à la notion de l'être univer-sel, notion qui de sa nature est *a priori*, ni le second sortir de la sphère de la pensée. Il est donc vrai que, pour fonder un système sur un principe positif et réel, il ne suffira pas de ces réflexions générales et préliminaires dont nous avons parlé, et il faudra bien se poser cette question : comment sais-je cela ? ou plutôt, comment est-il arrivé que je veuille savoir cela? Mais dans aucun cas cette recherche préalable n'aurait à descendre jus-qu'à ces faits psychologiques, ni tels que l'auteur les présente, ni tels qu'on pourrait les présenter peut-être; car nous avouerons à cette occasion qu'alors même que nous serions d'accord avec l'auteur, dans

un autre sens que celui que nous avons indiqué, sur
ce principe, que toute saine philosophie doit commencer par l'observation, nous ne comprendrions
pas encore pour cela le grand prix qu'il attache à
fonder la philosophie sur les faits psychologiques.
Ces faits paraîtront toujours peu de chose auprès
de ces grands principes de naissance et d'origine
tels qu'ils sont présentés, par exemple, dans le Phi-
lèbe de Platon, et qui se trouvent par la seule analyse de l'expérience en général et non précisément
de l'expérience psychologique. Les formules numé-
riques même ou de géométrie, dont se servaient
pour cela les Pythagoriciens, étaient empruntées à
l'expérience. Nous accorderons volontiers que la
psychologie peut être une préparation utile à la
philosophie en général, tout en niant qu'elle puisse
jamais lui servir de fondement; mais elle ne saurait
servir d'introduction à une philosophie déterminée,
ni surtout à celle dont il est ici question et avec
laquelle elle n'a aucun rapport. Quant à la préparation qui était subjectivement nécessaire pour cela,
l'esprit philosophique en a pris lui-même un meil-
leur soin par les systèmes divers où il s'est successivement exercé, et parmi lesquels c'est dans le *rationalisme* et l'*empirisme* qu'il s'est le plus montré
opposé à lui-même. C'est pour cela que rien n'est
peut-être mieux entendu, dans ce moment-ci, que
quelque chose de semblable à cet éclectisme que

M. Cousin a exposé avec tant de vérité et d'éclat,
bien que cette dénomination ne nous paraisse pas
tout-à-fait convenable. Toutefois cette préparation
elle-même n'est nécessaire que subjectivement, pour
celui qui est encore à s'élever vers cette philosophie;
elle n'est nécessaire que pour l'intelligence de cette
proposition par laquelle elle pourrait commencer : *je
ne veux pas seulement connaître l'être pur, je veux
connaître l'ÊTRE RÉEL, ce qui EST, ce qui EXISTE.*[1]

---

1. Je ne sais si j'ai rendu parfaitement cette formule, qui
paraît être le point de départ de la nouvelle philosophie *réelle*
de M. de Schelling : « *Ich* will *nicht das* blosse *Seyende; ich
will das Seyende, das* Ist *oder* existirt.» Il a ajouté ici la note
suivante : «A la place de l'Être en soi (ce qui n'a plus que le
« seul caractère de l'existence ou de la substance, *des blossen
« Seyenden*), la plus générale de toutes les notions logiques
« ou rationnelles, la philosophie dont nous venons de parler
« (celle de Hegel), a mis l'*Être pur*, l'existence pure (*das
« reine Seyn*), l'abstrait d'un abstrait; notion pure, en effet,
« puisqu'elle est absolument vide, et qui, par cela même,
« est identique au néant, mais dans un tout autre sens encore
« que celui dans lequel elle la donne elle-même pour cela;
« elle n'est rien, à peu près comme la blancheur sans rien de
« blanc, ou le rouge sans rien de rouge. Poser l'Être comme
« le premier, c'est le poser sans ce qui est. Mais qu'est-ce que
« l'Être ou l'existence sans une chose qui soit? Ce qui est,
« est le premier; son existence ou son être n'est que le second
« et ne peut être conçu pour soi. De la même manière l'idée
« de naître ou de naissance, prise abstractivement (*das blosse
« Werden*), est une pensée tout-à-fait vide. Et ce sont ces idées
« creuses et vides que l'on a prises pour de la profondeur! »

C'est dans ce sens que la philosophie est à la veille de subir encore une grande réforme, qui, pour l'essentiel, sera la dernière. Sous cette forme nouvelle, elle donnera l'explication positive de la réalité, sans enlever, pour cela, à la raison le droit d'être en possession du *prius* absolu, même de *celui de la divinité;* possession dans laquelle elle ne se mit que fort tard, qui seule l'émancipa de toute relation réelle et personnelle et lui donna enfin la *liberté* nécessaire pour posséder même la science positive comme science[1]. Alors l'opposition du rationalisme et de l'empirisme sera examinée dans un sens beaucoup plus élevé que jusqu'ici, et aussi d'un point de vue plus haut que celui auquel a dû se placer M. Cousin, et qui est en général parallèle à l'état actuel de la philosophie. L'empirisme ne sera pas pris, ainsi que l'entendent les Français et la plus grande partie des Allemands, comme identique avec le sensualisme, et comme déniant à la connaissance humaine tout caractère d'universalité et de nécessité;

---

1. Le traducteur sent parfaitement tout ce que ce passage et plusieurs autres encore doivent présenter d'obscurité à ceux qui ne sont pas familiarisés avec le langage et le génie de la philosophie de M. de Schelling. Mais il n'a pu entrer dans son dessein d'accompagner cette traduction d'un commentaire; ce commentaire, renfermé dans les bornes d'une simple brochure, eût été insuffisant pour ceux à qui il se serait adressé; il est superflu pour les autres. (*Note du traducteur.*)

mais dans ce sens plus élevé dans lequel on peut dire que le vrai Dieu n'est pas seulement l'Être universel, mais en même temps un être particulier ou *empirique*[1]. Alors aussi l'empirisme et le rationalisme seront conciliés ensemble d'une tout autre manière que cela n'a été possible jusqu'ici; ces deux systèmes se réuniront dans une seule et même notion, de laquelle, comme d'une source commune, découleront d'une part, avec la loi suprême de la pensée, toutes ses lois secondaires et les principes de toutes les sciences rationnelles négatives ou *à priori*; et d'un autre côté le contenu positif de la science souveraine, de la science qui mérite seule ce nom au sens propre.

C'est pour cela que depuis long-temps nous nous sommes plu à ne voir dans cette prédilection pour l'empirisme de la part des Français et d'autres nations non moins heureusement douées, qu'une protestation, aveugle quelquefois, non contre la philosophie, mais contre le rationalisme exclusif, dont les Allemands n'ont pu se sevrer jusqu'ici; et c'est précisément dans cette aversion des autres nations pour ce dernier système que nous avons vu, bien que dans un avenir assez éloigné, le moyen de nous entendre avec elles[2], alors même qu'il nous répugnait

1. Qui se révèle dans la nature et l'expérience. (*N. du trad.*)
2. M. Cousin a entre ses mains une lettre écrite à lui sur ce sujet par l'auteur de la présente Préface, en 1827 ou 1828.

d'approuver cette obstination à persévérer dans une psychologie en grande partie stérile, et qui, auprès de la vaste étendue de l'empire de l'expérience, devait nous paraître extrêmement limitée.

Les détails dans lesquels nous sommes entré à l'occasion des observations de l'auteur sur la méthode, prouveront avec quel intérêt nous les avons lues, et combien nous y avons trouvé en général de justesse et de pénétration. Ce que nous en avons dit, suffira pour en faire apprécier l'importance.

II. APPLICATION DE LA MÉTHODE.

Ainsi le principe de la méthode de l'auteur est l'observation en général, et spécialement l'observation psychologique. Quant à la méthode elle-même, il s'en explique de la manière suivante. « La philosophie, dit-il, n'est pas seulement une science de faits, c'est aussi une science de raisonnement, » c'est-à-dire, si nous comprenons bien cette assertion, une science qui, par l'application de principes généraux, s'étend aussi à des choses ou à des vérités qui ne sont pas renfermées dans la simple observation[1]. Or, ces principes, des principes d'une valeur

---

1. M. de Schelling pouvait citer les propres paroles de M. Cousin. « La philosophie, dit celui-ci, part de l'observation, mais ne s'y arrête point, et avec le calcul s'élève aux lois générales de la nature et au système du monde.... Le calcul est la puissance même de la raison. » (N. du trad.)

réelle, objective, indépendante de la personnalité ou du sujet, la raison seule, selon l'auteur, peut les fournir. Mais en même temps il présente la personnalité et la raison comme des faits qui ne se découvrent qu'à l'aide du raisonnement même, et qu'il établit en effet par ce moyen. Nous verrons comment l'auteur cherchera dans la section suivante à expliquer ce cercle. Cette troisième section est sans contredit la partie la plus importante de l'ouvrage, puisqu'elle expose le passage de l'expérience au savoir rationnel, ou, comme s'exprime M. Cousin, de la psychologie à l'ontologie.

III. PASSAGE DE LA PSYCHOLOGIE A L'ONTOLOGIE.

Si le lecteur a lu avec attention le commencement de cette partie, il a pu voir que dès le moment où il s'agit du fait de l'activité, se présente l'idée de *cause*. Pour expliquer cette circonstance, il faut se rappeler ce que nous avons déjà précédemment cité de la Préface que l'auteur a placée en tête de l'ouvrage posthume de M. de Biran. Là il est dit (p. XIII) : « La plus féconde de toutes les « idées, celle sur laquelle repose la métaphysique, « est assurément l'idée de cause ; ici ce n'est plus « une hypothèse, c'est l'idée la plus certaine recueillie « dans un fait primitif, évident par lui-même : la vo- « lition. » D'un autre côté l'auteur dit dans cette même

Préface (p. xxxiv) : « Le principe de causalité est
« incontestablement universel et nécessaire ; or, il
« répugne que l'aperception d'une cause toute indi-
« viduelle et contingente puisse porter jusque-là ;
« sans doute le principe de causalité ne se dévelop-
« perait point, si préalablement une notion positive
« de cause individuelle ne nous était donnée dans
« la volonté ; mais une notion individuelle et con-
« tingente qui précède un principe nécessaire, ne
« l'explique pas et n'en peut pas tenir lieu. » Si
nous avons bien compris l'auteur, nous recueil-
lons d'abord dans le fait de notre propre activité,
dans l'acte de la volition, l'idée simple de cause
(nous n'examinons pas la valeur de cette proposition) ; l'application de cette idée, donnée ainsi dans
l'expérience immédiate, à la sensation, afin que je
puisse aussi concevoir une cause pour celle-ci,
cause que je ne puis être moi-même : cette application ne se fait que par induction, et par conséquent par la pensée seule. Induire est un procédé
tout rationnel, qui n'appartient pas à la volonté. La
raison seule m'autorise à considérer cette cause
comme objective, comme existant réellement hors
de moi. « La raison, dit M. Cousin (p. xvii),
« nous découvre ce qui n'est pas nous, des objets
« autres que le sujet lui-même, et placés hors de
« sa sphère, l'existence du monde extérieur. » C'est
donc par la raison, au moyen de la loi de cau-

salité imposée à ma conscience, que je m'assure de l'existence d'une cause extérieure et par là d'un monde extérieur.

Mais, pourrait-on demander ici, qu'est-ce qui me donne l'idée de l'existence, qui est évidemment une idée antérieure et plus générale, puisque je l'applique à celle de cause elle-même, comme je ne pourrai m'empêcher de l'appliquer plus tard à celle de substance, à laquelle l'auteur va passer tout-à-l'heure? Nous ignorons s'il nous accordera que nous ayons bien saisi l'ensemble de ses pensées; dans tous les cas il pourra voir par notre exposé ce qui n'y a pas été tout-à-fait clair pour nous. La difficulté que nous y avons trouvée, c'est qu'il nous a paru que, par la voie de son analyse psychologique, il ne saurait arriver à la raison qu'à l'aide de ces mêmes notions et de ces mêmes principes universels que la raison doit seulement lui fournir. Quant à l'idée de cause, ce cercle paraît devoir être évité par cet expédient que l'auteur la regarde comme une notion immédiate, donnée dans le sentiment même de notre propre activité. Mais que sera-ce de l'idée de substance? Cette idée, selon l'auteur, ne se produit absolument qu'avec la raison. L'idée de substance, selon M. Cousin, ne diffère point au fond de l'idée de cause. La substance n'est que la *cause en soi*, dans son essence, dans sa puissance virtuelle, considérée comme n'agissant pas, de même que ce que

nous appelons cause, n'est que la cause en action.
Or, l'expérience immédiate ne nous donne dans la
volonté que la cause en acte, et non le principe in-
saisissable et invisible de cette cause que nous con-
cevons nécessairement. La cause en action n'équi-
vaut pas à la cause en soi. La volonté donne la cause
en acte, la raison seule peut donner la cause en soi,
la substance[1]. Mais en s'élevant ainsi vers la raison,
qui seule peut donner la substance, l'auteur n'ap-
plique-t-il pas déjà cette notion de substance? Il
nous semble que non-seulement il applique déjà
cette idée, mais même celle du *principe de la substance*, dont M. Cousin ne parle pas, quoique ce
principe doive être tout aussi bien reconnu que le
principe de la causalité. Mais il applique le principe
et par conséquent l'idée en parlant de facultés, de
sensibilité, d'activité, de raison. Car le simple fait
ne donne pas la faculté, mais seulement un acte;
conclure d'un simple fait à un pouvoir, suppose
le principe et par conséquent l'idée de substance.
Car qu'est-ce qu'un pouvoir ou une faculté, si ce
n'est une *cause en soi*, une cause en repos, une
cause virtuelle, et qu'est-ce qui conduit l'auteur à
l'idée de faculté, si ce n'est que les phénomènes, les
faits contingents qu'il trouve dans la conscience, doivent avoir pour fondement quelque chose d'essentiel
qui ne change point, une substance (*id quod substat*)?

---

1. Préface de l'ouvrage posthume de M. de Biran, p. xxxiii.

Si maintenant nous considérons en général cet
essai de passer de la psychologie à l'ontologie, nous
devons dire que M. Cousin se distingue des sensua-
listes de l'école française, en ce qu'il ne place pas
la source des idées ontologiques dans la sensibilité;
qu'il la place au contraire dans la raison, faculté
distincte à la fois de la sensibilité et de la personnalité. Mais la raison est pour lui tout aussi bien
que la sensibilité, un simple fait fondé sur l'expérience, un fait admis, accepté, inexpliqué comme
elle; quelque chose qu'il n'admet que pour se dis-
penser de remonter plus haut, qui ne repose sur
rien, et qui, par l'emploi de certaines locutions où
l'on reconnaît un peu l'influence de la phraséologie
de *Jacobi*, n'en devient que plus mystérieux. Il dit,
par exemple, à plusieurs reprises *la raison nous
révèle*, et dans cette expression on aperçoit l'intention de donner une signification positive à ce qui,
en soi, n'a qu'une valeur négative; et cette négati-
vité, l'auteur lui-même semble la reconnaître en
disant entre autres que la raison nous *empêche*, nous
force, etc.[1] Mais cette impulsion rationnelle que

1. Page XXII de la Préface. Il nous semble que M. de Schelling donne ici aux paroles de M. Cousin un sens qu'elles n'ont
pas. Ce dernier dit : « Cette même raison qui nous donne les
« causes finies et bornées, nous empêche de nous y arrêter
« comme à des causes qui se suffisent, et nous force de les
« rapporter à une cause suprême. » Or, *empêcher de s'arrêter*,

nous trouvons en nous comme quelque chose d'inné, ne se présente pas avec le caractère de ce qui ne saurait être expliqué davantage, ou dérivé de rien d'antérieur. Le seul sentiment de la nécessité, par exemple, de supposer une cause à tout phénomène, David Hume lui-même ne l'a pas nié, mais il en a cherché avec raison l'explication, et certainement il n'eût pas admis la *qualité occulte* d'une faculté hypothétique et inexplicable. Se contenter de distinguer la raison de la sensibilité et de la personnalité, la déclarer indépendante de l'une et de l'autre, ne suffit pas pour lui donner cette objectivité que M. Cousin lui attribue. Kant non plus ne fait dépendre la raison ni de la volonté ni de la sensibilité, et pourtant, comme l'auteur l'a reconnu, elle n'a, selon Kant, qu'une valeur subjective. D'après M. Cousin, la raison n'est pas subjective, ou dérivée de la personnalité; mais il ne la conçoit néanmoins que dans le sujet, en nous; or, c'est précisément pour cela qu'elle a besoin d'être expliquée, si l'on veut lui reconnaître une véritable objectivité, dans un autre sens que celui de Kant. Cette explication, on le voit aisément, ne devient possible qu'autant qu'on admet que la raison vient elle-même de l'objet, non, certes, par l'intermédiaire des sens, la seule ma-

---

forcer de rapporter, ce n'est certes pas n'avoir qu'une valeur négative. (*Note du trad.*)

nière dont jusqu'ici on se l'est représenté, mais en montrant qu'elle est elle-même le *prius* posé subjectivement, rétabli de l'objectivité dans sa priorité et sa subjectivité primitive. [1]

Mais cette explication suppose un *procès*, que l'auteur paraît toujours encore peu disposé à admettre. C'est là qu'est peut-être la cause à la fois de ce qu'il y a de défectueux et dans sa propre philosophie et dans sa manière de juger la philosophie allemande. Car c'est précisément dans cette idée du *procès* que consiste le véritable progrès de

---

[1]. Pour comprendre ces paroles, il faut se rappeler que, dans le système de M. de Schelling, il y a identité absolue entre le monde idéal et le monde réel, le sujet et l'objet, les idées et les choses; que la raison elle-même, en tant qu'absolue, est l'identité du réel et de l'idéal, et que, selon lui, l'objet de la philosophie est de connaître l'essence de toutes choses au moyen des idées de la raison. Du sein de l'absolu se développe la nature dans deux ordres corrélatifs, le réel et l'idéal, les choses et les idées. Ni les idées ne se conforment aux choses, ni les choses ne se conforment aux idées; elles coexistent et se développent dans une parfaite identité. La raison, subjective dans l'homme, vient de l'objet en ce sens que les idées ne se révèlent en elle qu'à l'occasion des objets; mais comme elle est une copie, une image de la raison absolue, elle est réellement indépendante des objets, elle leur est antérieure, le *prius posé subjectivement*, la raison dans un être fini, s'élevant par l'observation des choses jusqu'à l'intuition des idées et se rétablissant ainsi dans son indépendance, dans sa *priorité et sa subjectivité primitive*. (*N. du trad.*)

la philosophie moderne, et non dans la matière des propositions : c'est dans sa méthode qu'est la véritable essence de la philosophie allemande. Nous n'entendons pas parler ici du *procès* dans son application impropre et abusive à l'idée logique ; mais du *procès réel* de cette philosophie qui la première a fait usage de cette notion importante. [1]

Le dernier sommet métaphysique est atteint par la nécessité que la raison impose à la conscience, de remonter des deux causes limitées, le moi et le non-moi, qui, en tant que limitées, ne sauraient être de véritables causes, à la cause proprement dite, à la cause absolue, qui *les a fait être et qui les maintient* [2]. C'est à ces notions générales qui, comme on le voit, ne renferment rien d'un véritable savoir, que se borne tout. Il est encore à remarquer que l'auteur croit sa philosophie suffisamment distinguée du panthéisme, par cela seul que Dieu n'est pour lui qu'à titre de cause, n'étant substance absolue qu'en tant que cause absolue. Selon M. Cousin, le Dieu de Spinosa est une pure substance et non une cause. La vérité est que le Dieu de Spinosa n'est pas une cause transitive et accidentelle ou voulant avec liberté ; mais bien une cause *immanente* et

---

1. Nous demandons la permission de nous servir de cette expression de *procès* pour traduire le mot allemand *Prozess*. Nous l'expliquerons dans une note placée à la fin de cet opuscule.

2. Voyez la Préface de M. Cousin, p. xxii.

nécessaire. Le Dieu de son système, au contraire, ajoute M. Cousin, est essentiellement cause; son essence est précisément la puissance créatrice, qui ne peut ne pas produire. Mais s'il en est ainsi, le Dieu de M. Cousin est une cause exactement comme celui de Spinosa. Du moins nous avouons n'en pas voir clairement la différence.

IV. VUES GÉNÉRALES DE M. COUSIN SUR L'HISTOIRE DE LA PHILOSOPHIE.

Tout ce que M. Cousin a écrit en général, soit ici, soit ailleurs, sur l'histoire de la philosophie et sur la manière de la traiter, est de tout point excellent [1], et porte l'empreinte d'une connaissance profonde, comme on devait s'y attendre de l'ingénieux traducteur de Platon et du savant éditeur de Proclus. Cependant une partie de ce chapitre renferme plutôt des observations exotériques, très-intéressantes, du reste, une sorte de *confessions* de l'auteur sur la marche de son éducation philosophique, sur ses rapports avec ses maîtres et ses prédécesseurs. Quant au reproche qu'il adresse à Jacobi, de séparer la raison de la foi, et de n'avoir pas vu que la source de l'enthousiasme, de la foi, du sentiment, de cette illumination intime qui ressemble à une prophétie est dans la raison même, et que tout cela n'en est qu'une application plus haute et plus pure, il est

---

1. *Durchaus trefflich.*

à remarquer que Jacobi lui-même a plus tard rectifié sa philosophie dans ce sens. Le mot *misologie*, que Tennemann lui avait appliqué, lui inspira une telle frayeur que, cédant à d'autres influences encore, il pria, dans la dernière édition de ses œuvres, le lecteur de substituer le terme *entendement* (*Verstand*) à celui de *raison* (*Vernunft*) partout où la raison serait nommée avec une sorte de mépris, et réciproquement de mettre *raison* pour *entendement* partout où il serait question d'un entendement intuitif. C'était là, il est vrai, un amendement insuffisant; mais, en général, Jacobi s'efforça, dans les derniers temps, de rationaliser sa doctrine autant que cela était possible, et de faire sa paix avec la raison. Sa foi, comme un de ses plus zélés partisans a cru pouvoir l'assurer après la mort de Jacobi et peu avant la sienne, fut une foi purement rationnelle.

Plus loin, M. Cousin parle de ses rapports personnels avec les philosophes allemands contemporains. On ne pourra s'empêcher d'admirer la confiance de jeune homme avec laquelle l'auteur, qui de son propre aveu ne comprenait de Hegel que peu ou rien, a pu ensuite, comme il le dit lui-même, aller l'annoncer, et prophétiser en quelque sorte le grand homme[1] On peut voir, dans cet écrit même et ail-

---

1. Le passage de la préface de M. Cousin, où il parle de sa première rencontre avec Hegel, étant celui qui a été le plus attaqué en Allemagne, tant par les disciples de Hegel que par

leurs encore, quel gré on lui a su de ces paroles.
Quant aux Allemands, quant à ceux du moins qui

---

ses adversaires, nous croyons devoir le rappeler ici. M. Cousin
vit Hegel en 1817, alors que Hegel n'était à Heidelberg que
depuis une année, peu célèbre encore, mais ayant déjà publié
sa Phénoménologie de l'esprit et son Encyclopédie des sciences
philosophiques, c'est-à-dire, étant déjà en possession de tout
son génie et ayant déjà élaboré les idées fondamentales de
son système. Parmi ces idées il y en a qui, indépendamment
de l'ensemble dont elles font partie, ne peuvent manquer de
frapper par leur grandeur et leur originalité; elles devaient
frapper surtout un jeune homme d'une haute et facile intelligence et plein d'enthousiasme. Voici comment M. Cousin
rapporte cette entrevue avec Hegel : « Hegel ne savait pas
« beaucoup plus de français que je ne savais d'allemand (ce
« qui ne veut pas dire qu'on ne se parlait pas). Dès la pre-
« mière conversation je le devinai, je compris toute sa portée,
« je me sentis en présence d'un homme supérieur; et quand
« d'Heidelberg je continuai ma course en Allemagne, je l'an-
« nonçai partout, je le prophétisai en quelque sorte, et à
« mon retour en France, je dis à mes amis : Messieurs, j'ai
« vu un homme de génie. L'impression que m'avait laissée
« Hegel était profonde, mais confuse. » Tout cela ne paraît-
il pas fort naturel? Ne peut-on pas être frappé de la grandeur
d'un homme de génie et comprendre toute sa *portée*, sans
avoir compris toute sa pensée? Et pourquoi trouverait-on dé-
placée une prophétie, quelque peu justifiée qu'elle paraisse
d'abord, si cette prophétie s'est réalisée depuis? M. Cousin
a encore dit que Hegel n'était pas d'une amabilité extrême.
On a été blessé en Allemagne de cette assertion, comme si
l'on ne pouvait être un grand homme sans être *extrêmement
aimable.* (*Note du trad.*)

ont une véritable intelligence de leur philosophie,
il peut être assuré qu'ils ne peuvent qu'approuver
sa sage réserve [1], et qu'ils ne l'ont jamais blâmé pour
ne s'être pas fait en France le prôneur de quelque
philosophie d'Allemagne. Il a senti incontestablement que la philosophie allemande est encore livrée
à un *travail* [2] dont la vraie crise, qui expliquera ce
travail, est encore à attendre. Il ne pouvait jamais
descendre, lui, à profiter, pour produire un effet
momentané, de l'épuisement des esprits blasés, pour
qui, ce qu'il y a en soi de plus repoussant, a le
plus d'attraits (qu'on songe seulement au grossier
scandale du saint-simonisme!). Qu'ils nous soient
les bienvenus les esprits plus vifs, s'ils veulent étudier et examiner avec nous, mais non pas lorsqu'ils
prétendent juger avant d'avoir appris, ou lorsque,
semblables à d'aventureux corsaires, effleurant les
rivages de la science allemande, abordant tantôt ici,
tantôt là, ils s'imaginent déjà être les maîtres du
pays. C'est une chose affligeante, sans doute, de
voir le ton et les manières de l'esprit de parti politique faire invasion dans le domaine de la science

---

1. C'est-à-dire que, malgré la profonde impression que
Hegel fit sur M. Cousin, malgré l'amitié qui les a liés, M.
Cousin ne s'est pas fait le partisan de Hegel, et n'a vu en
lui qu'un illustre disciple de Schelling. (*N. du trad.*)

2. Ici M. de Schelling se sert encore du mot *procès*. Voir
notre note à la fin.

et de la littérature; mais ne craignons pas de voir périr le véritable génie scientifique dans un pays comme la France, où, malgré tant de bouleversements, les études les plus solides et les plus profondes sont encore en honneur, et où, pour citer un exemple étranger à la philosophie, nous voyons s'élever des hommes comme Eugène Burnouf. L'amour de M. Cousin pour la philosophie allemande lui a été reproché comme une tendance anti-française; il a, au contraire, fidèlement conservé ce caractère national pour qui, comme il le dit lui-même, la netteté, la précision, la clarté, la liaison parfaite sont un besoin.

Si quelqu'un est appelé à donner par la suite à la France une idée exacte de la marche de la philosophie moderne, c'est M. Cousin qui réunit à un degré éminent et a montré, dans tous ses travaux, l'investigation persévérante, la pénétration, le calme et l'impartialité, toutes les qualités, en un mot, qui forment l'historien de la philophie, philosophe lui-même.

Ce que l'auteur a dit en particulier sur sa position, relativement à l'école théologique en France, mériterait, sous plus d'un rapport, d'être également pris en considération dans notre Allemagne.

Note à la page 32.

Nous allons expliquer, autant du moins que cela nous sera possible, cette expression de *procès*, qui joue un si grand rôle dans la langue philosophique de Schelling et de Hegel. Ce mot, tiré du latin, où, comme chacun sait, il ne signifie pas seulement l'action de sortir de quelque part pour marcher en avant, mais encore accroissement et progrès, avait été depuis long-temps employé en Allemagne dans la terminologie de la chimie. On appelait *procès chimique* (*chemischer Prozess*), cette série de modifications que les corps éprouvent par des réactions intérieures, qui sont successivement effets et causes, et produisent pour dernier résultat un composé nouveau. En empruntant cette expression à la chimie, M. de Schelling lui a donné le sens de travail progressif, de développement successif, produisant une série de formes transitoires dans l'intérêt d'une forme définitive. Dans tout développement il y a un point de départ et une matière donnée, un état primitif, ensuite des degrés de formation, des moments de développement, qui peuvent être considérés en eux-mêmes comme ayant produit une forme déterminée, mais qui, relativement au but général, ne sont que des moyens destinés à préparer et à amener un dernier résultat, le dernier terme du travail, la *fin du procès*. Hegel s'est beaucoup servi de ce mot dans son histoire de la philosophie. Ainsi, par exemple, la manière dont les Ioniens expliquaient l'univers par les transformations successives d'un élément primitif, il l'appelle *procès*. En traitant de la philosophie d'Héraclite, il nomme le mouvement éternel auquel toutes choses sont livrées et dont le feu est le *substratum*, la *vie universelle*, le *procès général de l'univers;* les diverses phases de ce mouvement sont dans son langage les *moments* principaux du *procès réel de la vie.* C'est la notion du procès qui, selon Hegel, constitue le fondement de la *philosophie de la nature.* D'après cette notion il y a dans la nature un développement progressif de ce qui d'abord n'est qu'en puissance; il n'y a partout que transition d'un degré à un autre degré, que transformation d'un élément dans un autre élément; nulle forme n'existe pour elle-même; elle n'est que la condition d'une forme nouvelle et définitive. Pour la science physique positive, au contraire, il n'y a ni métamorphose proprement dite, ni transition : l'eau est de l'eau, le feu du feu, comme dit Hegel; chaque production, chaque forme de la nature est considérée en elle-même comme fait, et dans son existence particulière. Elle réduit bien les corps composés à des corps simples; elle admet le mélange et la composition; mais elle suppose l'immutabilité des élémens et l'indépendance des formes.

Il y a du reste plusieurs espèces de *procès,* ou, pour mieux dire, cette notion s'applique de diverses manières et à toute espèce de développement vers un but déterminé. Il faut distinguer du *procès absolu* le *procès relatif* que la chimie admet, comme par exemple celui par lequel l'eau se transforme en vapeur et la vapeur retourne en eau. Il y a le procès simple, le procès individuel, le procès universel, etc. Cette idée s'applique également aux choses physiques et aux choses intellectuelles et morales, à l'histoire du monde, à l'histoire de la philosophie, à une fleur, à un animal, à l'univers. Comme on voit, M. de Schelling reproche à Hegel d'avoir abusivement appliqué la notion du *procès* ou de la transformation par progrès à l'idée logique, tandis que dans son système à lui se trouve le *procès réel* (*der Realprozess*), ou l'application de cette méthode aux choses mêmes, non pas seulement aux choses matérielles, mais encore aux choses morales et intellectuelles. Son principe est le procès réel, absolu, universel. Expliquer comment de la plénitude primitive, absolue, virtuelle est sorti l'univers, le monde physique et le monde moral, voilà le problème de sa philosophie, de toute philosophie réelle.

C'est donc de cette notion du *procès* que M. de Schelling invite M. Cousin à faire usage, notion sans laquelle, selon lui, il n'y a pas de véritable philosophie, pas de véritable savoir. Hegel aussi, d'accord en ceci avec celui qui fut son maître, regarde cette idée comme essentielle à la connaissance philosophique. « Héraclite, dit-il, est le « premier qui ait énoncé la nature de l'infini, et le pre- « mier qui ait saisi la nature comme infinie en soi, et son « essence même comme en *procès*. C'est de lui qu'il faut « dater l'existence de la philosophie. » Voyez ses *Vor-lesungen über die Geschichte der Philosophie*, t. I. p. 346.

www.ingramcontent.com/pod-product-compliance
Lightning Source LLC
LaVergne TN
LVHW020949090426
835512LV00009B/1790